PETER EBELING

500 Verkäufersünden

D1996186

Weitere Titel der Reihe „Marketing und Verkauf“:

205 100 Tips für Verkäufer
207 500 Verkäufersünden
209 20 Stufen zum Verkaufserfolg
210 250 Verkäuferleitsätze
212 Reden ohne Lampenfieber
213 Mehr und besser verkaufen durch Planung

Kennen Sie schon das neueste Buch von Peter Ebeling?

Zündende Verkaufsideen
250 Seiten, DM 48,–

Peter Ebeling

500 Verkäufersünden

5. Auflage

verlag
moderne industrie

CIP-Titelaufnahme der Deutschen Bibliothek

Ebeling, Peter:
[Fünfhundert Verkäufersünden]
500 Verkäufersünden / Peter Ebeling. – 5. Aufl. –
Landsberg/Lech : Verl. Moderne Industrie, 1990
ISBN 3-478-59207-0
NE: AST

5. Auflage 1990
4. Auflage 1988
3. Auflage 1979
2. Auflage 1977
1. Auflage 1975

Alle Rechte bei verlag moderne industrie AG & Co., Buchverlag, D-8910 Landsberg/Lech
© 1975 Alle Rechte, insbesondere das Recht der Vervielfältigung und Verbreitung sowie der Übersetzung, vorbehalten. Kein Teil des Werkes darf in irgendeiner Form (durch Fotokopie, Mikrofilm oder ein anderes Verfahren) ohne schriftliche Genehmigung des Verlages reproduziert oder unter Verwendung elektronischer Systeme gespeichert, verarbeitet, vervielfältigt oder verbreitet werden.
Umschlagentwurf: Bert Hug, München
Satz: IBV-Lichtsatz, Berlin
Druck- und Bindearbeiten: Presse-Druck Augsburg
Printed in Germany 590207/290201
ISBN 3-478-59207-0

Inhalt

Vorwort

Nur wer genau weiß, was er falsch macht, kann sein Verhalten korrigieren. Verkäufer im Einzelhandel, Außendienstler und reisende Kaufleute möchten mehr und besser verkaufen. Verkaufsleiter und Trainer wollen helfen.

Hier sind die Hauptsünden und Fehler der Verkäufer.

Diese Ausarbeitung ist nicht am »grünen Tisch« entstanden, sondern draußen in der Praxis mit mehreren hundert Verkäufern aus verschiedenen Branchen. Es sind auch die wichtigsten Erkenntnisse aus meinen Verkäuferseminaren im In- und Ausland.

Auf langatmige Darstellungen wurde bewußt verzichtet, deshalb erscheint hier der »Telegrammstil«. Die kurzen Tips dienen als Wegweiser für die Verhaltensänderung – ein Erfolgssystem für gutes Verkaufen.

Ein unentbehrliches Nachschlagewerk für Verkäufer und ein Leitfaden für Verkaufsleiter und Trainer.

Möge es Ihnen den Weg zum Erfolg verkürzen helfen.

Peter Ebeling BDVT

A

Abgang

Geben keinen festen Händedruck

Gutes Auftreten mit Blickkontakt, persönliche Ausstrahlung und ein fester Händedruck gehören zum Gesamtbild des guten Verkäufers. Bei der Verabschiedung greifen Sie richtig zu »man möchte keine schwapplige Hand – toten Fisch« entgegennehmen. Bedenken Sie allerdings immer, daß Sie nicht unbedingt durch die Gegend rasen sollten, nur um »Auf Wiedersehen« zu sagen. Die Verabschiedung sollte sich ergeben. Übrigens bedenken Sie immer, daß auch die »kleinen Leute« und »Auftragsbeeinflusser« es gern haben, wenn man sie bedenkt. Schon mancher Lehrling ist später zum Einkäufer avanciert. Wir sehen, die gekonnte Verabschiedung lohnt sich.

Tips

- Fassen Sie richtig zu bei der Begrüßung
- Forcieren Sie nicht unbedingt einen Händedruck

Nennen den neuen Besuchstermin nicht

Ja, bitte.
Haben Sie einen Termin?
Nein, aber ich wollte den Chef kurz sprechen.

Verkäufer versäumen es oft, schon bei der Verabschiedung einen entsprechenden neuen Besuchstermin zu vereinbaren. Schade, denn es wäre nach einem erfolgreichen Abschluß und gegenseitiger Zufriedenstellung oft der günstigste Zeitpunkt.

Tips

- Vereinbaren Sie schon einen neuen Besuchstermin bei der Verabschiedung
- Notieren Sie den neuen Besuchstermin, und bitten Sie ebenfalls den Kunden, dasselbe zu tun

Verschaffen sich keinen positiven Abgang

Endziel des Besuches beim Kunden ist doch der Auftrag. Ein stufenweises Vorgehen brachte den gewünschten Auftrag – der Kunde hat sich entschieden, deshalb sollten Sie nicht noch unnötig lange beim Kunden herumstehen. Schon viele Aufträge sind durch ein weiteres »Nachdenken« des Kunden wieder verlorengegangen. »Moment mal, wie waren noch einmal die Zahlungsbedingungen bitte«?

Tips

- Verlassen Sie den Kunden möglichst sofort nach der Verabschiedung
- Nachdem Sie die Ware eingepackt, das Geld kassiert und ein paar verbindliche Worte gesagt haben, wenden Sie sich dem Ausgang zu

Vergessen, dem Auftragbeeinflusser die Hand zu geben

Wann man die Hand reicht und wann nicht, ist sowieso die Frage. Wir Deutschen betreiben allerdings das »shake hands« zu oft. Aber auch bei uns gibt es Bestrebungen, die Bazillenverbreitung etwas weniger zu praktizieren.

Im Außendienst verabschiedet man sich nicht nur vom Chefeinkäufer, sondern auch von der zuständigen Dame im Verkauf.

Im Einzelhandel gibt man oft die Hand, besonders bei wichtigen Einkäufern – sozusagen als Siegel –. Also nicht vergessen, allen wichtigen »Einkaufsbeeinflussern« die Hand zu geben.

Abschluß

Verpassen den richtigen Zeitpunkt

Ja, Sie zerreden den Kaufwunsch des Kunden.

Ein Verkäufer sagte kürzlich zum Kunden, nachdem der Kunde schon kaufen wollte: »Moment mal, ich bin mit meinem Verkaufsgespräch noch nicht fertig!«

Tips

- Beobachten Sie den Kunden, ob er im Geiste schon die Ware besitzt
- Versuchen Sie so schnell wie möglich zum Abschluß zu kommen

Fehlende Überzeugungskraft

Sie stehen oft wie hingegossen da. Ihre Stimme ist undeutlich, die Haltung lahm und die Augen trübe. Sie sind gleichgültig und oft desinteressiert. Schade, denn Verkaufen kann soviel Spaß machen und Gewinn bringen.

Tips

- Frank Bettger, ein berühmter Versicherungsverkäufer sagt: »Handle begeistert und Du wirst begeistert sein«
- Untermalen Sie Ihre Bemerkungen mit entsprechender Mimik und Gestik

---

Abschlußtechnik

Beherrschen die Abschlußtechnik mangelhaft

Sie kennen einfach die Techniken und Methoden des Abschließens nicht genügend. Dabei ist es so einfach, sich darauf zu spezialisieren. Nur eine Sache des Trainings.

Tips

- Verwenden Sie die Alternativmethode »dies oder das«, »rot oder grün«, »Montag oder Dienstag« usw.
- Im Einzelhandel: »Darf ich einpacken?«
- Beim Auto: »Welche Farbe würde für Sie in Frage kommen, hell- oder dunkelblau?«
- Im Schuhhandel: »Möchten Sie diese Schuhe anbehalten?«

Zeigen zu wenig Initiative beim Abschlußgespräch

Totenstille – der Kunde reibt sich das Kinn –, der Verkäufer schaut zum Kollegen hinüber, oder sogar aus dem Fenster. Mann und Frau schauen sich gegenseitig an. Vorsicht, Gefahr im Anzuge –. »Ach wissen Sie, wir kommen noch einmal wieder, wir wollen es uns noch überlegen.« Schade, der Erfolg war doch so nah. Die Kunden warteten förmlich auf die abschließende Frage. Gedanklich an die Hand nehmen und zum Abschluß führen, das sollte ein guter Verkäufer können.

Tips

- Helfen Sie dem Kunden durch gezielte Fragen Ihrerseits eine Entscheidung zu treffen
- Verkaufen Sie die Vorteile des Produkts

Haben Angst, eine größere Menge zu verkaufen

Der junge Verkäufer ist meist noch schüchtern und vermag es nicht immer, den Kunden richtig einzuschätzen. Seine Devise lautet: »Lieber einen kleinen Auftrag in der Tasche, als mich mit einem größeren herumärgern«. Schade, ein »dicker Auftrag in der Tasche« hätte vielleicht zwei weitere, oft kostspielige Besuche erspart. Alle wären zufrieden – er und Sie –.

Tips

- Es ist genauso eine Sünde, dem Kunden zu wenig als zu viel zu verkaufen
- In der Textilbranche beispielsweise – bieten viele nur ein Hemd statt drei Hemden an –

Vergessen nach dem Auftrag zu fragen

Die »Sehkunden« sollte man zu »Neukunden« machen. Viele Verkäufer versuchen nicht einmal den Auftragsblock und den Kugelschreiber zur Hand zu nehmen. Viele probieren gar nicht, den Kunden mit einer Frage »festzunageln«. Sie lassen den Kunden aus dem Geschäft laufen, ohne ihn zum »Ja« sagen zu bringen.

Tips

- Verwenden sie Formulierungen wie »darf ich aufschreiben«, »darf ich notieren« usw.
- Fragen Sie ruhig nach dem Auftrag, wenn der Kunde sich nicht entschließen kann

---

Angebotstechnik

Bieten keine optimalen Mengen an

Guten Tag, was darf es sein? Wir können Ihnen 100 Stück anbieten.

Diese Formulierungen decken nicht genügend den Kundenbedarf, deshalb lohnt sich die Kundeninformationsbeschaffung. Verkäufer neigen dazu, einfach darauflos zu schießen. Der »Rundumblick« im Geschäft, in der Wohnung (beim Versicherungsverkauf) fehlt oft. Gezielte Fragen hier und dort beim Kunden oder beim Gesprächspartner sind Wegweiser zum richtigen Bedarfsermessen.

Tips

- Es lohnt sich, frühzeitig herauszufinden, was der Kunde wirklich will
- Berücksichtigen Sie Saisonbedarf, Urlaubszeit und branchenübliche Gepflogenheiten

Argumentieren nicht stichhaltig genug

Reden will gelernt sein, stimmt, leider reden viele einfach darauf los »manche können sich sicher selbst stundenlang zuhören«. Schade, daß Verkäufer ihre Verkaufsgespräche so selten auf Tonband festhalten; denn sie würden schnell wissen, wie unlogisch, inkonsequent und fahrig ihre Gespräche sind. Den Argumenten und Begründungen fehlt es an Stichhaltigkeit.

Tips

- Fragen Sie Ihre Kollegen
- Lassen Sie sich berichtigen

Verkaufen nicht immer kundenorientiert

Zugegeben, Sie kennen ihr Sortiment. Zugegeben, Sie wollen Firmenprodukte anbieten, in der Hoffnung, zu verkaufen. Aber entscheidend sind doch die Vorstellungen und Wünsche der Kunden. Nicht was Sie »verkaufen wollen«, zählt. Wer Rosen will, kauft ungern Nelken. Die Zusatzkrankenversicherung – die Ausbildungsversicherung – sind ausgezeichnet, aber die Prämie dafür kann der kinderreiche Vater im Moment nicht aufbringen. Dies muß man, wenn man kundenorientiert verkaufen will, berücksichtigen.

Tips

- Kunden sollen mit Ihren Produkten und Dienstleistungen ihre Probleme lösen, ihre Ziele erreichen
- Erkunden und ergründen Sie die Wünsche der Kunden. Das Aus-

balancieren von Kundenvorstellungen und Ihren Produkten ist wichtig

Wecken zu wenig Neugierde und Interesse

Sie verraten zu schnell – und wundern sich dann, wenn der Kunde das Produkt nicht kauft. Sie gehen ran wie »Blücher«, nur leider ohne sich vorher sein strategisches Vorgehen ausgedacht zu haben. Spannungen, Interesse und Neugierde werden nicht genügend geweckt. Schade, sie helfen sehr die Aufmerksamkeit zu gewinnen.

Tips

- Erzeugen Sie Spannung
- Lassen Sie den Kunden schmunzeln

Besitzen mangelhafte Beherrschung der Verkaufskunstgriffe

»Nein, das haben wir nicht.« »Was darf es sein?« »Ja, bitte schön?« »Wir können nicht dafür, wenn Sie die Produktanweisungen nicht richtig lesen.« Ein Katalog von negativen Beispielen, der beliebig fortgesetzt werden könnte. Taktgefühl, psychologisches Einfühlungsvermögen, richtiges Präsentieren und Demonstrieren, Kundenwünsche und -träume erfüllen, gehören zum Rüstzeug des guten Verkäufers.

Tips

- Verkaufen muß und kann gelernt werden
- Besuchen Sie Seminare, lesen Sie Bücher, studieren Sie die Methoden der Praktiker

---

Angebotsvorschlag

Bieten unreell an

Wenn Sie Produkte anbieten, die nicht gehen, müssen Sie vielleicht auch bald gehen! »Krumme Sachen drehen« lohnt sich nicht. Seien Sie kein Ver(d)treter. Man kann manche Kunden manchmal bluffen, aber nicht alle Kunden immer.

Tips

- Bleiben Sie seriös und reell
- Gewinnen Sie Respekt und Anerkennung beim Kunden, es lohnt sich

Sind zu aufdringlich beim Anbieten

Früher war der Fachhandel vor dem Aufkommen der SB-Geschäfte bedeutender. Der sichere Kunde möchte in Ruhe auswählen. Manche Kunden verabscheuen den Kaufzwang, der oft nach einer Beratung bleibt. Seien Sie deshalb klug, diplomatisch und nicht zu aufdringlich, wenn die Kunden Sie abweisend anblicken.

Tips

- Seien Sie zielsicher im Verkauf
- Erkennen Sie jedoch die Grenzen
- Überrumpeln Sie den Kunden nicht, bleiben Sie immer der taktvolle Verkäufer

Bieten zu große Mengen an

Der Angebotsvorschlag soll in erster Linie zum Abschluß führen. Eine zu große Menge schreckt den Kunden vorzeitig ab. Es ist immer besser, eine mittlere Menge anzubieten. Viele Verkäufer beginnen leider zu hoch oder zu tief. Allzu große Mengen führen zur Resignation des Kunden und zur Ablehnung.

Tips

- Schätzen Sie den Kunden durch kluges Fragen richtig ein
- Tasten Sie mit der Menge (mittleres Angebot) den Gesprächspartner ab

Überlassen den Vorschlag dem Kunden

Wenn Kunden entscheiden müssen, nehmen sie meistens die geringere Menge. Verkäufer warten leider zu oft darauf, daß sich der Kunde meldet, und wenn nicht? Hier fehlt die Verkäuferinitiative.

Tips

- Gute Verkäufer führen das Verkaufsgespräch
- Behalten Sie immer und ganz besonders in der Abschlußphase die Initiative. Vorschlag soll bedeuten: schlagen Sie vor

Lassen Alternativangebote fehlen

Nicht die Pistole auf die Brust des Kunden setzen; dies oder das, sonst schieße ich. Nein – nicht so. Verkäufer sollten etwas dazu stellen, oder ein Vergleichsobjekt verwenden. Kunden wollen wählen.

Tips

- Fragen Sie nicht ob, sondern welches
- Fragen Sie dies oder das und nehmen Sie Packpapier zur Hand

Haben eine vage und unpräzise Ausdrucksweise

»Wie meinen Sie das?« verrät doch alles. Verkäufer sind oft nicht konkret genug in ihrer Aussage. Es werden Vermutungen angestellt, es wird geraten und nicht verkauft. So leicht wird geglaubt, daß der Kunde uns verstanden hat. Insbesondere dann, wenn wir lieb gewordene Fachausdrücke verwenden.

Tips

- Besuchen Sie einen Rednerkursus
- Üben Sie Stegreifreden
- Sprechen Sie klar, verständlich und deutlich

Anpassung

Besitzen mangelnde Flexibilität

Sie kennen hauptsächlich nur ihr eigenes Sortiment. Manchmal auch dies nicht! Es kümmert sie nicht, was die Konkurrenz anbietet. Wenn der Kunde dann nicht will, na und, sie gehen in ihrer Argumentation starr vor. Immer dieselbe Routine, ohne sich gedanklich in den anderen zu vertiefen. Es mangelt an Schlagfertigkeit und Flexibilität.

Tips

- Verwenden Sie das Sortiment als Klavierspiel
- Sprechen Sie mit Kollegen über neue Argumente
- Besuchen Sie Messen, Ausstellungen und Verbandstagungen, um sich weiterzubilden und zwecks neuer Anregungen

Passen sich dem Kunden nicht genügend an

Kunden kaufen nicht die Ware, sondern Erlebnisse, Wünsche, Vorstellungen und Träume. Nicht was »Sie« wollen, ist wichtig, sondern was »Er« will. Passen Sie sich dem Kunden an. Spielen Sie seine Rolle als Motivator und Partner. Dies sollten Verkäufer viel mehr üben. Kurz gesagt: Mehr Kundenempfinden.

Tips

- Dale Carnegie sagte: »Versetzen Sie sich in die Lage des anderen, schlüpfen Sie in seine Schuhe, und Sie sehen die Situation anders.«

- Oder wie Dr. Anton Stangl sagt: Verwenden Sie mehr »Sie« und weniger »Ich«

Stehen oft ungelegen im Weg

Sei es der Außendienstreisende, sei es die Einzelhandelsverkäuferin, überall trifft es zu. Kunden im Geschäft sollten immer Vorfahrt haben. Verhandeln Sie im Büro des Einkäufers, anstatt im Korridor. Verkäuferinnen sollten dem Kunden zur Begrüßung entgegengehen.

Tips

- Verhandeln Sie nicht dort, wo viele Störungen stattfinden, es verzögert den Abschluß. Seien Sie umsichtig
- Wenn das Telefon im Büro klingelt, dann stehen Sie lieber auf und verlassen Sie den Raum. Diese Geste wird vom Kunden meist sehr geschätzt

---

Anweisung

Mißachten die Firmenanweisungen

Viele Verkäufer mißachten die Firmenanweisungen, Anordnungen und Arbeitsbeschreibungen. Es ist nicht im Unternehmerinteresse und verursacht leider nur Mißkredit und Ärger. Schade, daß Verkäufer diesem Punkt nicht mehr Beachtung schenken.

Tips

- Es gibt eben Anweisungen, die eingehalten werden müssen
- Handeln Sie umsichtig und Sie fahren richtig

Legen Anweisungen ohne genaue Durchsicht ab

Zugegeben, die Papierflut nimmt immer mehr zu, und trotzdem

sollten Verkäufer im Außendienst die Anweisungen sorgfältig durchlesen. Oft werden die Vorgänge einfach abgelegt – kein Wunder, wenn es dann Ärger gibt –.

Tips

- Legen Sie wichtige Vorgänge sofort in einen roten Ordner
- Verwenden Sie einen gelben Pelikan-Stift, zwecks Unterstreichung der wichtigsten Punkte

---

Arbeitsausrüstung

Besitzen keine Abhaklisten (Checklisten)

Im Verkäuferleben wiederholen sich viele Vorgänge, außerdem benötigt man meistens dieselbe Ausrüstung. Leider nützen Verkäufer die Vorteile einer Abhakliste zu wenig. Sie könnten sich das Leben dadurch allerdings oft erleichtern.

Tips

- Durchdenken Sie, was Sie täglich für Ihre Arbeit benötigen, Reisekoffer, Aktentasche, Vorführkoffer usw.
- Hängen Sie diese Liste über Ihren Schreibtisch
- Legen Sie die Liste in einen Ordner mit dem Vermerk Vorbereitung

Benutzen keinen Notizblock

Leider verfügen die wenigsten Menschen über ein sehr gutes Gedächtnis. In der Eile des Gefechtes hört man dann: »Haben Sie eventuell ein Stück Papier da?« Manchmal fehlt sogar der Kugelschreiber. Dies dürfte einem guten Verkäufer allerdings nie passieren.

Tips

- Ein Block und Bleistift gehören einfach zur Ausrüstung
- Leider gehen so viele gute Ideen verloren, weil man sie nicht notiert
- Viele Notizen ersparen einem Ärger durch das Vergessen, und Sie gewinnen kostbare Zeit

Haben unsaubere Arbeitsunterlagen. Kaum zu glauben und doch wahr

Viele Außendienstler zeigen dem Kunden verschmutzte Packungen, Vorführmappen und Sonstiges. Sie bemerken es vor lauter Hektik gar nicht. Der Kunde allerdings.

Tips

- Überprüfen Sie Ihre Unterlagen wöchentlich auf ihre Sauberkeit hin
- Meistens ist es gar nicht böser Wille, sondern Unachtsamkeit

Verwenden billige Kugelschreiber

Der Kugelschreiber ist Persönlichkeitsmerkmal des Verkäufers. Der Kunde achtet auf diesen Blickfang. Natürlich ist aus lauter Begeisterung schon mancher Kunde, nach Unterschreiben des Auftrages, mit dem Prunkstück nach Hause gegangen.

Tips

- Viele Verkäufer bestätigen, daß sie durch gutes und außergewöhnliches Schreibzeug Neugierde und Interesse bei dem Kunden geweckt haben
- Demonstrieren Sie nicht mit Bleistiften, sondern immer mit Kugelschreibern, so daß man den Auftrag gleich schreiben kann

Besitzen kein ausreichendes Arbeitsmaterial

Der Verkäufer greift freudestrahlend nach seiner Tasche und entdeckt im gleichen Moment, daß er keine Auftragsformulare mehr dabei hat. Schade, denn der Erfolg war doch so nah.

Tips

- Verwenden Sie Ihre Prüflisten zwecks Kontrolle
- Halten Sie sicherheitshalber eine zweite Tasche parat

Haben Vorführmuster und Ware in nur ungenügender Menge

Sicherlich ist es nicht immer leicht, die ausreichende Menge für den Tagesverkauf mitzunehmen. Leider entfernen Sie sich vom Lager während des Tages immer mehr. Ein Zurückfahren ist kostspielig und zeitraubend – »ach, hätte ich bloß mehr Ware mitgenommen« –.

Tips

- Schätzen Sie Ihren Bedarf nach Kundenbesuchen und Kundengruppen ein
- Schaffen Sie, wenn möglich, mehrere Stützpunkte

Arbeitshilfsmittel

Müssen durch mangelnde Organisation oft Dinge suchen. Das hatte ich doch irgendwo. Moment mal, ich schau rasch im Wagen nach. Ich muß nur mal im Büro etwas holen.

Mal rennt man hier, mal dort. Das macht den Kunden ganz nervös. Nun mal ganz ehrlich, kennen Sie diesen Typ Verkäufer? Ich? Ja. Es ging mir selber so.

Tips

- Planen Sie Ihre Arbeit und arbeiten Sie nach Plan
- Legen Sie alles zurecht, es lohnt sich

Besitzen abgenutzte Koffer oder Taschen

Der Reisekoffer hat manche Schlacht geschlagen. Leider erkennen die Menschen uns nicht an dem, was wir sind, sondern wie wir erscheinen. Wie kann man beispielsweise hochwertige kosmetische Artikel in einem abgenutzten Koffer anbieten? Ja, das gibts.

Tips

- Seien Sie ehrlich, wie sieht es bei Ihnen aus?
- Und wie die Präsentations- oder Vorführmappe?

Verwenden zu wenig visuelle Hilfsmittel

Leider reden Verkäufer zu viel. Sie zeigen zu wenig. Ware wird nicht überreicht. Fotos und Drucksachen werden nicht genügend gezeigt. Schade, denn Bilder überzeugen schneller und sicherer.

Tips

- »Ein Bild sagt mehr aus als tausend Wörter«, sagen die Chinesen, mit Recht
- Eine Bleistiftskizze wirkt ebenfalls Wunder

Arbeitszeit

Beginnen morgens zu spät

»Ach, Fritz, kannst Du noch unseren Klaus zur Schule fahren und auf dem Rückweg noch einige Brötchen mitbringen?« Ein hilfsbereiter Ehemann, muß man schon zugeben. Aber damit bringen Sie kein Geld in die Kasse, Minuten verlorene Zeit können mitunter zu Stunden werden.

Tips

- Stehen Sie frühzeitig auf
- Verlassen Sie Ihr Zuhause rechtzeitig

Fahren Ihre Touren unrationell

Finger in die Luft, woher kommt der Wind und dann losfahren. Irgendwie wird es schon klappen. Ach, fahre ich mal zum Müller hin. Den habe ich lange schon nicht mehr besucht.

Unterwegs, ach nein, vielleicht ist der Müller in Urlaub usw. Wertvolle Zeit geht verloren. So nicht, lieber Kollege!

Tips

- Erstellen Sie die Tourenpläne schon im voraus
- Fahren Sie die äußersten Kunden zuerst an
- Desto mehr Kundenbesuche Sie erledigen können, desto mehr werden Sie verkaufen

Dehnen die Mittagspause aus

Eine schnelle Bockwurst um die Ecke ist wirklich nicht der wahre Jakob. Leider bleiben aber viele Reisende dann im Lokal zu lange sitzen. Mitunter haben sie dann einen sitzen! Ein Fehler, der Geld, Zeit, aber leider noch mehr kostet.

Tips

- Versuchen Sie, wenn möglich einen Teil der Mittagszeit für die Fahrt zum nächsten Kunden zu verwenden. Manche Kunden öffnen allerdings erst um 15.00 Uhr
- Essen Sie gesund und in angenehmer Atmosphäre. Es macht sich bezahlt
- Wenn möglich, laden Sie den wichtigen Kunden auch einmal zum Essen ein, um die Mittagszeit optimal auszunützen

Nützen die Arbeitszeit nicht voll aus

Mit Ausreden stehen viele Verkäufer ganz groß da. Sie glauben gern, den Kunden nicht zu früh stören zu können. Glauben, abends nach fünf ist er auch nicht mehr ansprechbar. Oft nur Ausflüchte oder dumme Redensarten. Tüchtige Reisende nützen jede Stunde und erhalten ihre guten Aufträge durch harte Arbeit.

Tips

- Fahren Sie ruhig hin, und versuchen Sie den Kunden zu erreichen
- Mancher Einzelhandelsverkäufer fängt schon um 15.00 Uhr an zu gähnen

---

Augenkontakt

Verstehen die Augensprache nicht

Eine Firma, die keine Werbung treibt, ist wie ein Mann, der einem Mädchen im Dunkeln zublinzelt, er weiß was er tut, aber sie nicht! Augen sind Sender, Augen sind Signale, die zum Abschluß führen können. Beachten Sie nicht den Kollegen, beachten Sie nicht die Passanten vor den Fenstern, sondern schauen Sie dem Kunden in die Augen – es lohnt sich –.

Tips

- Augen verkaufen mit
- Augenkontakt schafft Sympathie
- Lernen Sie die Augensprache kennen. (Beim Umgang mit Damen allerdings nicht mehr notwendig, hier schauen die Männer sowieso gern und tief in die Augen ihres Gegenübers)

Flatterhafter Blick

Vielleicht wissen Sie es nicht, wie können Sie es auch wissen, wenn es Ihnen niemand gesagt hat. Ihr Blick ist flatterhaft – Sie schauen mal hier hin und mal dort hin –. Haben Sie etwas zu verbergen? Sind Sie unsicher oder sind Ihnen die Kunden uninteressant?

Tips

- Schauen Sie dem Kunden auf die Nasenwurzel. Sie haben es leichter
- Trainieren Sie vor dem Spiegel

Lassen den Blick umherschweifen

Sie sind unkonzentriert, vielleicht unbeholfen oder unsicher. Sie schauen zur Decke, besonders, wenn Sie hinter einem Rednerpult stehen. Ist ja verständlich in so einer Situation. Aber besser ist der direkte Blick.

Tips

- Machen Sie einmal eine persönliche Analyse
- Besuchen Sie eine Rhetorikschule mit Fernsehanlage

Machen keine Notizen für künftige Besuche

Versprechen sollten auch ausgeführt werden. Hobbys der Kunden sind oft nützlich zur Kontaktanbahnung. Ach, wie schnell vergißt man aber die täglichen Beobachtungen. Warum meine Damen und Herren? – Machen Sie Notizen –!

Tips

- Wer schreibt, der bleibt
- Verwenden Sie doch die Kundenkartei

Aufmerksamkeit

Erfassen die Ist-Situation nicht

Es ist Sommer – die Kunden sind im Ausland –. Der Einzelhändler errechnet die immer steigenden Kosten, und Sie wollen ihm heute als Außendienstler den Laden mit Ware vollstopfen? Oder der kleine Junge wirft die Vase im Porzellangeschäft um. Situationen dieser Art und hundert andere gibt es am laufenden Band.

Tips

- Argumentieren Sie immer situativ
- Erkennen Sie den »Rundumblick«. Ein Informationssystem, das sich lohnt. Lernen Sie aus Fehlern heute für neue Situationen morgen

Beachten Veränderungen beim Kunden zu wenig oder gar nicht

Billige Komplimente sind hier nicht gemeint. Nur die Verkäufer sind oft so auf ihre Produkte oder das Sortiment konzentriert, daß sie gar nichts anderes beim Kunden bemerken. Leider ist auch er nur ein Mensch und wartet oft förmlich auf Lob und Anerkennung, oder auf Ihre Aufmerksamkeit.

Tips

- Bauen Sie beiläufig und ohne es dick aufzutragen, ein kleines Lob in Ihr Gespräch ein
- Bestätigen Sie die Richtigkeit der Entscheidung, wenn der Kunde sich nach Ihrer Beratung entschieden hat

Vergessen, kleine Geschenke zu überreichen

Freude schenken bringt einem selber Spaß, leider denken viel zu wenig Verkäufer und Verkäuferinnen als auch Repräsentanten daran. Schade – denn es braucht ja gar nichts Kostspieliges zu sein.

Tips

- Jeder will bedacht werden
- Eine kleine Überraschung zeigt uns, daß der andere an uns gedacht hat
- Halten Sie immer etwas im Geschäft oder im Wagen zum Verschenken parat

Schreiben Aufträge unleserlich

Ja, hiervon kann der Innendienst ein Lied singen. Überall bestätigen mir Innendienstler diese Tatsache. Meine Damen und Herren, wissen Sie, daß es Tausende D-Mark kostet, wenn sich Fehler einschleichen? Falsche Adressen, falsche Rechnungsnummer, falsche Zahlen etc.

Tips

- Machen Sie sich die Mühe, ordentlicher zu schreiben
- Schreiben Sie die sich wiederholenden Fakten schon im voraus auf, um dadurch beim Kunden Zeit zu gewinnen

---

Aufträge

Schreiben Aufträge undeutlich

Eine schöne Handschrift besitzt nicht jeder, zugegeben, aber leider schreiben viele ihre Aufträge und Bestellungen viel zu undeutlich. Nur wer jemals Aufträge im Innendienst überprüft hat, kann ermessen, wie schwerwiegend dieser Fehler ist. Ja, tatsächlich kaum zu glauben, wie nachlässig viele Verkäufer arbeiten.

Tips

- Erkennen Sie die Wichtigkeit des ordentlichen Schreibens, Druckschrift ist immer lesbar

- Achten Sie auch darauf, daß Kopien und Durchschläge zu entziffern sind
- Abends könnten Sie Aufträge eventuell der Deutlichkeit halber nachschreiben

Füllen Aufträge nicht vollständig aus

Hier fehlt der Vorname, dort die Straße, hier wieder die Hausnummer, dort steht nur Meier – aber leider gibt es in der Straße vier Meier – usw.

Tips

- Geben Sie immer eine sorgfältige Arbeit ab
- Füllen Sie immer alle Einzelheiten aus, denn jede könnte wichtig sein. Ihre Mühe verschafft Ihnen ein gutes Ansehen im Innendienst

Füllen Aufträge nicht sorgfältig genug aus

Ich bin ja fürs Verkaufen da. Das stimmt. Früher, ohne Computer, konnte man das auch verkraften. Heute kosten Computer viele Tausende. Liegt es daran, daß Sie vielleicht billiges Schreibzeug verwenden? Ein wenig mehr Sorgfalt lohnt sich auch für Sie. Erstens denken Sie unternehmerisch, zweitens, auch Kunden achten auf Ihre Schreibutensilien.

Tips

- Geben Sie sich Mühe beim Ausfüllen der Aufträge
- Bedenken Sie, falsch gelaufene Aufträge durch den Computer verursachen unnötige Kosten

Senden Aufträge zu spät an das Hauptbüro ab

Das kann ich nicht verstehen, »die da oben meckern immer, daß meine Aufträge zu spät eintreffen«. Nun eine Frage: »Wann werfen Sie die Aufträge in den Postkasten?« »Morgens, ganz früh.« Sehen

Sie, da haben wir den Fehler, die Post sollten Sie noch abends zum Briefkasten bringen.

Tips

- Werfen Sie die Aufträge noch abends ein
- Der abendliche Spaziergang zur Post lohnt sich, auch für Ihre Gesundheit

Geben sich leicht mit kleinen Aufträgen zufrieden

Schade, denn der Erfolg liegt manchmal so nahe. Im Einzelhandel bringen es die Zusatzverkäufe – »darf es etwas mehr sein?« Im Außendienst lohnen sich die kleineren Aufträge gar nicht, wenn man die Vorarbeit und Auslieferung mit in Betracht zieht.

Tips

- Mut zur Menge
- Schlagen Sie dem Kunden die richtigen Mengen vor. »Denke groß, und Du wirst wachsen«

Auftreten

Treten zu unsicher auf

Leider erlebe ich in den Seminaren und Lehrgängen immer wieder, daß Verkäufer und Verkäuferinnen zu unsicher im Auftreten sind. Doch schade, sie haben Angst, das zu sagen, was für sie wichtig wäre. Durch Anleitung und Training kann man diese Unsicherheit ablegen lernen.

Tips

- Dem Mutigen gehört die Welt
- Lernen und üben Sie, besuchen Sie Seminare und Kurse
- Stehen Sie immer und überall ihren »Mann«

Haben mitunter auch ein überhebliches Auftreten

Wir leben vom Verkauf. Kunden wollen umgarnt werden, sie wollen bedient werden. Deshalb müssen wir dem Kunden Einfühlungsvermögen zeigen, es demonstrieren und bekunden. Manche Verkäufer und Menschen wirken in ihrer Art oft überheblich, ohne es zu wissen, oder es zu wollen. Wie sieht es bei Ihnen aus?

Tips

- Betreiben Sie eine Selbstanalyse
- Lassen Sie sich beraten von einem guten Freund
- Üben Sie vor einer Fernsehkamera im Seminar

Haben mangelnde Überzeugungskraft

»Nun, das müssen Sie selbst entscheiden, da kann ich Ihnen keinen Rat geben.« Warum eigentlich nicht? Verkäufer vergessen oft, daß gerade sie den Kunden gewinnen und überzeugen sollen. Gerade darin liegt die Kunst des Erfolges.

Tips

- Untermalen Sie Ihre Aussagen oder Darlegungen mit Mimik
- Betonen Sie die Vorteile durch Gestik

Haben zu geringen Arbeitswillen

Einige Verkäufer zeigen wirklich zu wenig Arbeitswillen. »Ich bin Außendienstler geworden, weil ich ›frei‹ sein will.« Nun, leider ist dieser Mann am falschen Platz. Ohne Arbeitswillen geht es nicht, gerade beim Außendienst- und Innendienstverkäufer.

Tips

- Arbeitswillen muß man mitbringen
- Arbeiten kann auch Spaß und Freude bringen

B

Begeisterung

Betreiben keine Selbstmotivation

Gute Verkäufer geben sich lieber selbst einen Tritt – bevor es ein anderer tut. Sie müssen und können sich selbst motivieren. Aber leider betreiben zu wenig Verkäufer diesen Sport.

Tips

- Noch nie ist eine große Tat ohne Begeisterung vollbracht worden
- Aufbauende Bücher stärken die Selbstmotivation. Sprüche und Zitate können uns lenken und leiten

Haben nicht die Kraft, andere mitzureißen

Sie stehen lahm herum, schauen gelangweilt aus dem Fenster. Fast könnte man denken, es sei ihnen egal, ob der Kunde kauft oder nicht. Der Kunde weiß aber nicht, wie er sich entscheiden soll, er möchte Ihren Rat. Tat und Enthusiasmus überleben.

Tips

- Nicht was man sagt ist wichtig, sondern was man tut
- Die Engländer sagen, »The order doesn't sign itself«
- Wer andere mitreißen kann, wird nicht vom Chef zerrissen

Können sich und andere wenig inspirieren

Edison sagte schon, »Transpiration ist wichtiger als Inspiration«.

Bei vielen Menschen fehlt leider beides. Ideen muß man auch verkaufen, nicht nur die Ware. Inspirationen werden viel zu wenig »geboren«.

Tips

- Eine Idee führt meistens zur anderen
- Durchdenken Sie Ihr Verkaufsgespräch. Wissen ist nicht unbedingt ausschlaggebend, sondern die richtige Idee zur richtigen Zeit
- Verkehren Sie mit ideenreichen Menschen

Gestalten die eigene Arbeit nicht interessant genug

Ach, wenn bloß die Arbeitszeit schon herum wäre. Die zur Uhr guckende Brigade in den großen Warenhäusern oder auch anderswo sieht vor lauter Gähnen manchmal den Kunden nicht. Natürlich wird Routine langweilig werden, aber sind Menschen nicht immer interessant?

Tips

- In Ihrer Arbeit stecken immer Chancen
- Fordern Sie sich selber zum Wettbewerb heraus
- Den Fleißigen vergeht die Zeit. Schon 18.00 Uhr?

Begrüßung

Unterbrechen den Kunden beim Sprechen

Der Kunde beginnt gerade seinen Wunsch zu äußern. »Ja, ja, ich, ich weiß schon Bescheid.« Lieber Verkäufer, nicht so stürmisch. Wissen Sie es immer wirklich, oder haben Sie nur Ihre Vermutungen? Sehen Sie, es war doch die verkehrte Ware, die Sie gebracht oder angeboten haben. Schade, Zeitverlust.

Tips

- Hören Sie erst einmal richtig zu
- Es lohnt sich, sich auf den Kunden zu konzentrieren
- Lassen Sie den Kunden ausreden

Begrüßen zu lahm und begeisterungslos

Jeder Kauf ist für den Kunden ein Erlebnis. Er hat gespart und will nun mit Freude kaufen. Er wird aber leider oft bei diesem Vorhaben gestört, schon bei der Begrüßung. »Bitte schön« – ohne Augenkontakt. Die Verkäufer verstecken sich förmlich hinter ihrer »Thekenburg«.

Tips

- Gehen Sie dem Kunden entgegen
- Begrüßen Sie ihn freundlich, und seien Sie zuvorkommend
- Gewinnen Sie Dauerkunden durch Ihre Persönlichkeit

Reden den Kunden oft nicht mit Namen an

Wenn manche wenigstens noch sagen würden: »Wie war Ihr Name doch?« Namen behält man nur nicht, weil man zu selten danach fragt, einer der Hauptgründe. Zweitens müssen die Namen auch ständig wiederholt werden.

Tips

- Hören Sie gut zu
- Wiederholen Sie den Namen oft

Zwingen den Kunden, die Hand zu geben

Mit ausgestreckten Händen eilen sie durch die Räume. Verblüfft schaut ihr Gegenüber sie an. Das Händeschütteln wird immer seltener, aus internationaler Sicht gesehen.

Tips

- Wenn er nicht möchte, dann lassen Sie es bitte
- Hände geben also nicht erzwingen
- Beobachten Sie zuerst den Kunden, er soll die Entscheidung treffen

Verfügen über keine Festigkeit in der Stimme

Irgend etwas murmelt er in den Bart. Meistens geschieht es ungewollt. Meistens sind es Hemmungen. Gerade bei neuen Verkäufern und Verkäuferinnen. Auch »guten Tag« sagen muß gelernt sein, nur leider lernen es manche anscheinend nie.

Tips

- Sprechen Sie immer deutlich
- Besuchen Sie Verkaufs- und Redeseminare
- Üben Sie mit Tonband und Spiegel

Beratung

Lassen es an fachlicher Beratung fehlen

Mit Produktkunde allein verkauft man keine Ware. Beraten bedeutet, Wahl, Kriterien herbeiführen. Dem Kunden helfen, eine Entscheidung zu treffen. Auch kennen Verkäufer ihre Produkte nicht genügend und verweisen dann auf Prospekte. »Ja, sehen Sie, hier steht es!«

Tips

- Produktwissen macht Verkäufer sicher
- Beraten heißt: Berater sein

Beraten den Kunden zu wenig

Selten werten Durchschnittsverkäufer die hervorragenden Vorteile der Plus-Minus-Tabelle aus. Besonders in der Abschlußphase. Die Analyse der Pro- und Kontra-Faktoren sollte zur Ausrüstung des guten Verkäufers gehören.

Tips

- Beraten und helfen bringt Ihnen Gewinn
- Analysieren Sie Ihre Gespräche auf Tonband
- Hören Sie sich gute Verkäufer bei der Gesprächsführung an

Bereiten sich auf Beratungen ungenügend vor

Mangelnde Vorbereitung ist einer der Hauptfehler der Außendienstverkäufer. Die Zeiten des emotionellen Verkaufens sind vorbei. Eine stichhaltige Argumentation ist heute erforderlich. Machen Sie es dem Kunden leicht, sich zu entscheiden. Bringen Sie Unterlagen, Fakten usw. mit.

Tips

- Arbeiten Sie mit Checklisten
- Planen Sie Ihre Arbeit im voraus
- Eine gute Vorbereitung macht sich immer bezahlt

Vernachlässigen die Beratung als »Erinnerungshilfe«

Durch eine gute Beratung gewinnen Verkäufer Kunden und bleiben durch sie in Erinnerung. Leider bedenken dies zu wenig Verkäufer. Vielleicht ist es Gleichgültigkeit, vielleicht auch Faulheit.

Tips

- Wer andere überzeugen kann, hat mehr Spaß und Freude am Verkaufen

- Überreichen Sie Ihre Visitenkarte dem Kunden während Ihres Besuches im Geschäft

---

Bewegung

Sind zu lahm in den Bewegungen

Sie schleichen durch die Gegend in einer katastrophalen Haltung. Mangelnde Körperdisziplin und unkoordinierte Bewegungen, als ob sie die Last der Welt tragen. Hat es ihnen niemand gesagt?

Tips

- Machen Sie den Spiegeltest. In vielen Geschäften gibt es einen
- Treiben Sie unbedingt Sport, schon Ihrer Gesundheit wegen
- Stehen Sie ökonomisch, d. h. durchgedrückte Knie und Bauch etwas nach vorne

Sind unsportlich und fettleibig

Eleganz und Bewegungsharmonie sind bei den Fettleibigen verpönt. Warum achten Sie nicht auf Ihre Figur? Andere tun es.

Tips

- Ärztliche Beratung ist eine wichtige Voraussetzung, falls es krankhaft sein sollte
- Essen Sie vernünftig (f. d. H.)
- Jeder, der noch laufen kann, sollte die Sauna besuchen

Wirken zu hastig und oft zu unruhig

Mangelnde Bewegungsharmonie und unruhiger Blick beeinträchtigen den Erfolg. Manche Produkte erfordern geradezu Eleganz bei der Anbietung. Goldwaren und Juwelen beispielsweise. Hast macht den Kunden leicht nervös.

Tips

- Lassen Sie sich in einem Rhetorikkurs unterrichten und kontrollieren
- Arbeiten Sie schnell, aber elegant und gezielt. Beobachten Sie sich selbst

Haben einen schlechten Gang

Ein Verkäufer, den ich kannte, lief wie eine Ente. Die Kunden wußten es, er aber nicht. Erst nach Erkennen und einer entsprechenden Unterweisung hat sich sein Gang gewaltig gebessert. Leider spielen aber der Gang und die Körperhaltung beim Verkäufer eine sehr wichtige Rolle.

Tips

- Wissen Sie eigentlich, wie Sie aussehen beim Laufen?
- Führen Sie eine Selbstkontrolle durch

Bezirk

Kennen die Entwicklung potenter Kunden nicht

Verkäufer gehen oft nicht genügend in die Tiefe. Für sie ist Kunde eben Kunde. Mangelnde Planung und Unübersicht dominieren das Tagesgeschehen. Studieren die Unterlagen viel zu wenig, um eine echte Beratung vornehmen zu können.

Tips

- Erstellen Sie eine A-B-C-Bedeutungsliste der Kunden
- Eine Akte pro Kunde mit der gesamten Statistik und Korrespondenz erweist sich, besonders heute, mehr und mehr als wichtiges Arbeitshilfsmittel

Durchforsten den Bezirk zu wenig nach neuen Kunden

Ja, wir kennen die Weisheit alter Strategen »Kontakt muß man haben«, wissen aber nicht, daß zuviel Kontakt sogar schädlich sein kann. Ein gewisser Prozentsatz der Kunden springt immer ab. Deshalb benötigt man auch nach dem arithmetischen Gesetz immer wieder Neukunden.

Tips

- Neukundenwerbung lohnt sich immer
- Es macht auch die Arbeitsgestaltung leichter und interessanter
- Fahren Sie auch in Neubaugebiete, hier machen Sie bestimmt interessante Entdeckungen

Verbergen die eigene Faulheit gern hinter Ausreden

Es gibt Verkäufer, die die Gründe für ihr Mißlingen immer woanders vermuten, anstatt sie bei sich selbst zu suchen. Nur hartes Arbeiten bringt den Erfolg.

Tips

- Der Bezirk ist nur so gut, wie der Verkäufer selbst
- Nur Ausdauer und Stehvermögen zählen beim wahren Verkäufer
- Die Praxis zeigt, daß sogar kleinere Bezirke Umsatzsteigerungen bei einem guten Verkäufer gebracht haben

Bekleidung

Sind oft unkorrekt gekleidet

Auf die Bedeutung der Kleidung haben wir schon am Anfang dieses Taschenbuches hingewiesen. Die Wichtigkeit der korrekten Kleidung als Spiegelbild seiner selbst wird für den Verkäufer immer bleiben. Starre Regeln für gute Kleidung gibt es nicht. Wichtig ist aber, daß man immer zeitgemäß und auch saison- oder wettermäßig gekleidet ist.

Tips

- Beobachten Sie, was Ihre Mitmenschen tragen, um Ideen und Anregungen zu bekommen
- Nehmen Sie Ihre Kleidung wichtig

Tragen ungeeignete Schuhe

Ein stattlicher Mann, gute Körperhaltung, neuer Anzug, gepreßte Bügelfalten, aber schau mal nach unten, billige und abgelatschte Schuhe. Schade, der ganze Eindruck ist dahin, denn solche alten Sandalen passen nicht zum Anzug. Es sind oft die kleinen Sachen, die für das Gesamtbild sehr ausschlaggebend sind.

Tips

- Achten Sie auf das Gesamtbild
- Machen Sie immer eine Spiegelkontrolle, bevor Sie Ihr Haus verlassen

Wechseln zu selten Krawatten

Wenn jemand Sie fragt, ob Sie demnächst Geburtstag haben, seien Sie vorsichtig. Es könnte auch sein, daß er nur fragte, weil Sie immer dieselbe Krawatte tragen. Natürlich mag es sein, daß diese Ihre Lieblingskrawatte ist, trotzdem sollten Sie bedenken, daß Sie sich und Ihr Unternehmen repräsentieren. Verschiedene, moderne Krawatten erhellen Ihnen den Tag.

Tips

- Eine gute Auswahl Krawatten zu besitzen ist immer angebracht
- Damen haben meistens einen viel besseren Geschmack als Männer, deshalb lassen Sie sich beim Kauf von Damen beraten

Übersehen leicht, daß der Anzug für Verkäufer und Firma ein Repräsentationsmittel ist

Ein Anzug sollte für Sie ein Anzugs-Mittel sein. Eine schicke sportliche Kombination erfüllt auch ihren Zweck. Bewährt haben sich Kombinationsanzüge mit auswechselbaren Hosen und Jacken. Besonders wenn Sie auf Reisen gehen. Kleider machen Verkäufer.

Tips

- Manche kluge Verkäufer haben immer eine zweite Reisetasche im Wagen parat
- Unterschätzen Sie die Wichtigkeit der Kleidung nicht

C

Chancen

Fehlt das Chancenbewußtsein

Sie sind blind. Sie sehen die vielen Verkaufschancen oft nicht. Der Blick für Gelegenheiten und Chancen fehlt ihnen. Im Einzelhandel werden z. B. die Zusatzverkäufe kaum angeboten.

Tips

- Studieren Sie die Pressemeldungen, um neu gegründete Firmen kennenzulernen
- Bitten Sie Festkunden um neue Namen und Adressen
- Gehen Sie ruhig hin und bieten Sie Ihre Ware an, auch wenn Sie Zweifel haben

Nützen ihre Chancen nicht immer sofort

»Gut, dann komme ich demnächst wieder vorbei«, oder »gut, Sie können im Geschäft ja mal gelegentlich wieder vorbeischauen.« Diese und ähnliche Formulierungen kennzeichnen die Gleichgültigkeit oder die fehlenden Kenntnisse. Die Gelegenheit, um zum schnellen Abschluß zu kommen, ist oft schnell verpaßt.

Tips

- Führen Sie den Kunden zum Abschluß
- Verkäufer werden schließlich bezahlt, um Aufträge und Verkäufe abzuschließen und zu tätigen

Wissen nicht, daß Chancen auf den Tüchtigen jeden Tag zukommen

Die investierte Zeit in Kundenbesuchen macht sich immer bezahlt. Nur der Glaube an den eigenen Erfolg fehlt vielen Verkäufern. Arbeiten von gestern machen sich oft irgendwann in der Zukunft, sei es durch Kundenbedarf oder Empfehlung, bezahlt.

Tips

- Arbeiten Sie jeden Tag tüchtig und konsequent, und Sie werden bestimmt belohnt
- Glauben Sie an den eigenen Erfolg
- Investieren Sie heute Zeit und Mühe für Erfolge, die morgen kommen

Fehlt die Ehrlichkeit

Auch kleine Lügen können leicht danebengehen und sollten lieber unterlassen werden. Bei manchen Verkäufern ist es aber ganz offensichtlich, daß sie lügen, und natürlich merkt der Kunde dies auch und reagiert entsprechend. Außerdem müssen Lügner über ein überdurchschnittliches Gedächtnis verfügen.

Tips

- Man sollte immer die Wahrheit sagen, aber man braucht nicht immer die Wahrheit zu sagen
- Lügen machen sich nicht bezahlt. Nicht umsonst sagt man: »Lügen haben kurze Beine«

Charakter

Besitzen gegenüber Vorgesetzten und Kollegen keine Loyalität

Wenn man andere anschwärzt, braucht man nicht zu glauben, daß man dadurch glänzt. Immer schade, wenn man die kostbare Zeit mit Klatsch vergeudet.

Tips

- Carnegie sagt: Verdamme und kritisiere nicht
- Wenn Sie schon etwas über Ihre Kollegen sagen wollen, versuchen Sie, etwas Nettes zu sagen. Vermeiden Sie Kritik

Führen nicht immer saubere Geschäfte durch

Sie lohnen sich nicht, sie machen sich nicht bezahlt, man muß meistens nur noch draufzahlen. Das schnelle und unreelle Geschäft macht sich auf lange Sicht nicht bezahlt.

Tips

- Bleiben Sie ehrlich
- Ihr Gewissen plagt Sie später nur
- Ehrliche Menschen brauchen ihr Gedächtnis nicht so anzustrengen

Berücksichtigen nicht, daß ein Bezirk erst aufgebaut werden muß

Es gibt wenig Verkaufsrezepte für den großen Erfolg. Harte Arbeit ist aber eins. Ein Bezirk muß durch intensive Kleinstarbeit aufgebaut werden. Erst später kann dann die Ernte je nach Leistung und Vorarbeit eingeholt werden.

Tips

- Gute Arbeit bringt Dividende
- Investieren Sie heute harte Arbeit für eine reiche Ernte morgen. Es gibt nichts umsonst!

Charme

Besitzen kaum Charme

Manche sind plump, ungeschickt und nachlässig. Sie kommen dem Kunden kaum entgegen. Charme ist eine wichtige Voraussetzung für den Erfolg.

Tips

- Charme bedeutet Entgegenkommen zeigen
- Versetzen Sie sich in die Lage des Kunden
- Seien Sie höflich und hilfsbereit

Und wenn vorhanden, nützen sie die Vorteile ihres Charmes nicht aus

Charme ist ein Türöffner. Es kommt nicht darauf an, was man sagt, sondern wie man es sagt. Viele Verkäufer bemühen sich überhaupt nicht, Freundlichkeit, Charme und Hilfsbereitschaft zu zeigen.

Tips

- Ein charmantes Wesen ist, glaube ich, angeboren, aber man kann Charme erlernen
- Auch Höflichkeit kann man lernen

Charme kann Ihr und das Leben der anderen erleichtern

Die nur »Ich-Philosophie« kann nicht gut gehen. Verkäufer müssen einfach dem anderen mehr entgegenkommen. Freude strahlt zurück zu dem Spender, und, seien wir ehrlich, es ist doch gar nicht so schwierig, zuvorkommend und nett zu sein.

Tips

- Kommen Sie den anderen entgegen
- Charmante Menschen sind gern gesehen und haben es selbst leichter
- Weitere Tips finden Sie im Taschenbuch: »100 Tips für Verkäufer« von Peter Ebeling, Verlag moderne industrie, 8 München 50, Ehrenbreitsteiner Str. 36

D

Dankeschön

Wissen nicht, daß man dem Dankbaren gerne hilft

Sehr oft hilft der Kunde dem Verkäufer mit einer Gefälligkeit, sei es einen neuen Kunden zu verschaffen, eine Referenz zu geben und so weiter. Viele Verkäufer bekunden bei derartigen Gefälligkeiten nicht genügend Dankbarkeit, ein großer Fehler.

Tips

- Ein Dankeschön kostet nichts
- Ein Dank gibt dem anderen Freude
- Dem Dankbaren hilft man gerne

Demonstration

Arbeiten mit unzureichenden Hilfsmitteln

Der praktische Arzt, der Zahnarzt, der Zimmermann, der Schreiner oder die Sekretärin, sie arbeiten alle mit den richtigen Hilfsmitteln und Werkzeugen.

Gerade bei der Präsentation ist es sehr wichtig, daß der Verkäufer seine Argumente und Fakten belegen und beweisen kann. Bei vielen Gesprächen muß der Verkäufer leider feststellen, daß ihm irgend etwas fehlt.

Tips

- Arbeiten Sie mit Checklisten
- Gehen Sie im Geiste, bevor Sie den Besuch antreten, das Verkaufsgespräch noch einmal, auch mit allen Hilfsmitteln, durch
- Sollten Sie etwas vergessen haben, ist es manchmal noch möglich, das Fehlende in einem Geschäft in der Stadt zu kaufen

Lassen Begeisterung und Schwung fehlen

Wer verkaufen will, muß mitreißen können. Es ist ein großer Fehler, gerade die so wichtige Demonstration auf die leichte Schulter zu nehmen. Viele Verkäufer verstehen es nicht genügend, die Vorführung mit Begeisterung und Schwung durchzuführen, aber nur damit kann man den Kunden echt gewinnen.

Tips

- Beobachten Sie Verkäufer auf offenen Plätzen oder auf dem Markt
- Verwenden Sie Humor und Schlagfertigkeit
- Arbeiten Sie mit gezielten Bewegungen, und lassen Sie den Kunden mitwirken

Verstehen es nicht, den Kunden zu faszinieren

Kunden wollen überzeugt werden. Kunden benötigen das Gefühl, daß sie gut gekauft haben. Kunden wollen gedanklich mitgerissen werden. Leider verstehen es viele Verkäufer gar nicht, den Kunden zu faszinieren, weil sie keine »Träume« verkaufen. Sie sollten dem Kunden Erlebnisse mitverkaufen.

Tips

- Überlegen Sie, wann Sie von einem Verkäufer fasziniert waren
- Verkaufen Sie nicht nur das Produkt, sondern die Produktvorteile
- Machen Sie es dem Kunden leicht zu kaufen

Sie wecken Neugierde in unzureichendem Maße

»Kommen Sie näher, kommen Sie näher meine Damen und Herren, auch Sie da hinten, kommen Sie näher.« Bald scharen sich die Neugierigen um den Marktstand. Kauflust wird geweckt. Kunden fragen, »was ist hier los, was verkauft er?« Er arbeitet, erklärt und bringt praktische Beispiele aus dem Alltag, schneidet, schnippelt, putzt und wischt, und bei dem Angebot macht er das Kaufen leicht, weil die Kunden noch ein kleines Geschenk umsonst dazubekommen.

Tips

- Wecken Sie Neugierde
- Faszinieren Sie den Kunden
- Überlegen Sie, welche Gags Sie verwenden können

Sprechen mehr als sie zeigen

Früher wurde in der Hauptsache verbal verkauft. Heute nimmt man mehr und mehr Bilder, Prospekte, Filme, Tonbildschauen und derartige Hilfsmittel hinzu. Viele Verkäufer kennen leider immer noch nicht den Wert dieser Hilfsmittel oder sind zu faul, sie zu verwenden. Die Chinesen sagten schon: »Ein Bild sagt mehr als tausend Wörter«.

Überreichen die Ware zu spät

Immer wieder kann man im Außendienst oder im Einzelhandelsgeschäft beobachten, daß eifrige Verkäufer es noch nicht begriffen haben, daß man dem Kunden die Ware so früh wie möglich überreichen sollte. Überreichen Sie zuerst die Ware dem Kunden und dann erklären Sie ihm die Handhabung, während er sie schon in Ruhe betrachten kann.

Tips

- Die Ford-Company verwendet heute eine neue Verkaufsstrategie. Kunden können den Vorführwagen 48 Stunden mitnehmen und ausprobieren

- Lassen Sie den Kunden die Ware in die Hand nehmen. Stellen Sie während der Demonstration dem Kunden gezielte Fragen

---

Denken

Denken nicht logisch

»Haben Sie das immer noch nicht verstanden«, sagt der empörte Kunde, »oder wollen Sie es einfach nicht verstehen?« Manche Situationen sind sehr offensichtlich, aber bei vielen fehlt das logische Denken. Harte Arbeit alleine genügt hier nicht, sondern das Entwickeln von Strategien und Vorgehensmaßnahmen sind von entscheidender Bedeutung.

Tips

- Fragen Sie warum
- Arbeiten Sie mehr mit dem Kopf als mit den Beinen
- Versuchen Sie zu überlegen, weshalb der Kunde so handelt

Denken oft sehr negativ

Mögliche Gedanken eines von Tür-zu-Tür-Verkäufers, der erste Hausbesuch: »Ich werde nicht hineingehen, die Gardinen sind noch zu, die Leute werden noch schlafen.« Das zweite Haus, dort hat es ebenfalls keinen Zweck, ein Schild »Bissiger Hund« hindert. Das dritte Haus. Der Mann ist eben mit dem Wagen weggefahren, es hat ja nur einen Sinn, wenn beide Gesprächspartner anwesend sind. Das vierte Haus. »Ich habe schon einmal geklingelt und immer noch keine Antwort.« Verkäufer, die wenig Stehvermögen besitzen, geben zu früh auf und lassen sich leicht negativ beeinflussen.

Tips

- Seien Sie immer positiv
- Glauben Sie an Ihren Erfolg
- Erfolgreiches Verkaufen bedeutet sich durchsetzen können

Handeln erst und denken später

Ach, das hätte ich doch anders formulieren können. Darauf war ich nicht vorbereitet. Das hätte ich mir ja denken können. Diese oder ähnliche Formulierungen zeigen uns, daß viele Verkäufer sofort handeln und erst dann denken, wenn es zu spät ist.

Tips

- Entwickeln Sie Strategien
- Verwenden Sie Erfahrungswerte für Ihre Gespräche
- Wissen Sie immer genau, was Sie durch das Gespräch erzielen wollen

Durchdenken Probleme nicht genügend

Warum versuchen Sie nicht, das letzte Gespräch noch einmal im Geist passieren zu lassen, wieder in Erinnerung zu bringen. Was sagte der Kunde damals, welche Haupteinwände brachte er hervor? Wo liegen seine Kaufmotive? Was sind seine Beweggründe? Diese und viele andere Fragen sollte sich der kluge Verkäufer stellen. Leider ist aber oft zu merken, daß Verkäufer die Schwierigkeiten ihrer Kunden nicht genügend beachten.

Tips

- Schreiben Sie Ihre Ideen und die wichtigsten Argumente auf
- Stützen und Diagramme erleichtern die Übersicht

Bringen dem Kunden kein »geistiges Geschenk« mit

Ach ja, der 16. Verkäufer heute. Das Gespräch könnte wieder eine halbe Stunde Zeit kosten, denkt der Kunde. Der Verkäufer argumentiert produktbezogen. Meister des Verkaufens haben immer wieder bewiesen, daß sie ihren Erfolg mit Ideen und kleinen Vorschlägen erreicht haben. Viele Verkäufer machen sich aber gar nicht die Mühe, ein »geistiges Geschenk« mitzubringen.

Tips

- Schneiden Sie aus der Fachpresse Ideen und Anregungen für Ihre Kunden aus
- Überlegen Sie beim Kunden, was für Verbesserungen man eventuell dort anbringen könnte. Sie kommen ja viel herum und können erprobte Methoden hier und dort vorschlagen. Kunden wollen Nutzen

---

Denkvermögen

Denken nicht folgerichtig

Bei der Einwandbehandlung sollten sich die Verkäufer als allererstes immer die Frage stellen, ist das ein objektiver oder subjektiver Einwand? Erst wenn man diese Frage geklärt hat, ist es einem möglich, die Techniken der Einwandbehandlung anzuwenden. Die Ausdrücke, Kommentare und Aussagen der Kunden werden nicht genügend und folgerichtig durchdacht.

Tips

- Analysieren Sie immer, was der Kunde erreichen will
- Was denkt der Kunde bei diesem Angebot?
- Wo muß ich ansetzen?

Sprechen darauflos, ohne zu denken

Nicht immer ist die schnelle Antwort auch die richtige. Wiederholen Sie lieber langsam den Einwand des Kunden, so daß Sie Zeit zum Denken gewinnen. Gehen Sie sicher und mit einem Plan vor, ohne einfach darafloszusprechen, denn ein abgeschossener Pfeil kehrt nicht zurück. Ein ausgesprochenes Wort ebenfalls nicht.

Tips

- Eine wichtige Formel, »denken, dann sprechen«
- Nehmen Sie sich Zeit mit der Beantwortung
- Gehen Sie strategisch vor

Bauen keine Denkstunden ein

»Der Mensch ist das, was er denkt«. Vor lauter Hast und Hektik kommen viele gar nicht mehr zum Denken. Schade, denn dadurch entstehen sehr oft unnötige Gänge und Arbeiten. Verkäufer sollten sich viel mehr Zeit zum Denken nehmen, sollten sich ab und zu ruhig hinsetzen und den Ablauf erst durchdenken und dann durchführen.

Tips

- Verwenden Sie mehr Zeit für das Durchdenken der Probleme
- Schreiben Sie Ihre Denkziele auf
- Ein schnelles Telefongespräch kann manche Fahrt ersparen

Denken nicht genügend über ihr Gebiet nach

Besuchen Sie gern dieselben Kunden? Besuchen Sie gern dieselben Städte? Sind Sie ein Gewohnheitstier geworden? Viele Verkäufer sehen ihr Reisegebiet nicht als Ganzes und setzen die Schwerpunkte und Prioritäten falsch. Eine Gebietsstrategie und ein Bearbeitungsplan sind unerläßlich. Es ist ein Fehler, nach Gutdünken und mit einer sporadischen Arbeitsweise das Gebiet zu bearbeiten.

Kommen vor lauter Arbeit nicht zum Denken

Gewiß, Sie besuchen viele Kunden. Gewiß, Sie arbeiten hart und lange. Aber die Erfolge könnten besser sein. Der Umsatz der Aufträge ist zu gering. Die Höhe könnte wesentlicher sein. Fehlt es vielleicht an der richtigen Argumentation? Diese und andere Fragen sollten sich Verkäufer viel öfter stellen.

Tips

- Fragen Sie sich, warum Sie bei manchen Kunden den großen Erfolg erzielten
- Verwenden Sie wie, was, wo, warum und wieso bei Ihrer Fragestellung

---

Display

Bringen Display-Material falsch an

Ganze Abteilungen der Verkaufsförderung beschäftigen sich mit Ihrem Display-Material, und die Kosten hierfür sind nicht unerheblich. Sie sehen, es ist eine Sünde, wenn es nicht optimal zur richtigen Zeit, an der richtigen Stelle eingesetzt wird. Vielen Verkäufern ist es allerdings egal. Die Bestände sammeln sich in ihrem Lager an und wenn es zuviel wird, gibt es ja noch das Feuer oder die Müllabfuhr. Unternehmerisch gesehen ist ein solches Tun allerdings nicht zu verkraften.

Tips

- Display-Mittel helfen Kunden gewinnen
- Abverkaufshilfsmittel sichern Ihnen den nächsten Auftrag

Besitzen keinen Blick für Displaylücken oder Chancen

Zugegeben, die Ware, Displaymittel und Verkaufsförderungshilfsmittel liegen im Wagen. Der Auftrag ist auch schon in der Tasche. Moment mal, haben Sie auch wirklich nach Displaylücken oder Chancen geschaut? Nein, dann gehören Sie zu dem Heer von Verkäufern, die nicht darauf achten.

Tips

- Erwähnen Sie Ihre Hilfsmittel im Verkaufsgespräch
- Bringen Sie diese Hilfsmittel einfach mit ins Geschäft
- Sorgen Sie dafür, daß diese auch angebracht werden

Setzen die zur Verfügung stehenden Displaymittel schlecht ein

Einfach ein Hilfsmittel in die Ladenecke zu stellen und zu hoffen, daß ein anderer es für Sie richtig aufstellt, ist eine Illusion. Sie müssen hier selbst Initiative zeigen. Zeichnen Sie sich selbst aus, überlegen Sie genau, wo der richtige Platz ist, denn die wenigsten Verkäufer tun es.

Tips

- Machen Sie im SB-Geschäft oder Verbrauchermarkt erst einmal einen Rundgang, dann entscheiden Sie, wo Sie die Display-Hilfsmittel unterbringen können
- Besprechen Sie Ihr Anliegen mit kompetenten Herren

Kümmern sich nicht um die Dekoration der eigenen Artikel im Schaufenster

Dem Fachhandel bleibt noch nach wie vor das Schaufenster als wichtigste Angebotsplattform. Potentielle Kunden besichtigen bei einem Abendspaziergang gern Schaufenster und erhalten dadurch oft Ideen, die dann zum Kauf führen können. Zeigen Sie Initiative und sorgen Sie für die Herausstellung Ihrer Ware in den Schaufenstern.

Tips

- Fenster dekorieren macht Spaß
- Nicht zu viel Dekoration aufbauen, sondern Schwerpunkte bilden

---

Distribution

Überlassen den Verkauf dem Zufall

»Ja, bitte schön, schauen Sie einmal herum, und falls Sie mich benötigen, können Sie mich ja rufen.« Diese und ähnliche Bemerkungen zeigen, daß entweder der Kunde uninteressant für Sie ist oder Sie sind zu faul, ihn richtig zu bedienen. Wer gut verkaufen will, muß den Kunden beraten, ihm helfen auszuwählen und Entscheidungen zu treffen.

Tips

- Überlassen Sie das Verkaufen nicht dem Zufall
- Helfen Sie dem Kunden eine Entscheidung zu treffen
- Beraten Sie den Kunden richtig

Bearbeiten Ihren Bezirk nicht systematisch

Ein nationaler Markenartikel sollte optimalerweise in allen geeigneten Geschäften zur Verfügung stehen. Der Hineinverkauf der neuen Produkte obliegt dem Verkäufer. Die Ankündigung und der Herausverkauf der Werbung. Wenn ein Verkäufer seinen Bezirk nicht mit Akribie und Fleiß bearbeitet, entstehen out-of stock-Situationen, und durch die Werbung angesprochene Kunden können die Ware in dem Geschäft nicht erhalten. Es bedeutet Verlust für den Geschäftsinhaber sowie auch für die Industriefirma.

Achten oft nicht auf gute Distribution der Ware

Diese hat gerade im Markenartikelsektor große Bedeutung. Andererseits ist sie auch wichtig innerhalb eines Einzelhandelsgeschäftes. Nämlich, daß die Ware richtig, optimal und kundengerecht zur Verfügung steht. Die Ware muß nach Abverkaufsgesichtspunkten geordnet und placiert werden.

Tips

- Achten Sie auf die Laufrichtung Ihrer Kunden
- Machen Sie Ihrem Chef Vorschläge
- Besprechen Sie Verbesserungen mit Kunden

E

Ehrlichkeit

Machen unehrliche Äußerungen

Der Kunde stellt eine direkte Frage, auf die er natürlich eine ehrliche Antwort erhalten will. Viele Verkäufer sind so dumm zu glauben, daß andere es nicht merken, wenn man etwas sagt, was nicht ganz der Wahrheit entspricht. Ehrlichkeit macht sich aber auf lange Sicht immer bezahlt, und den Fehler »Unehrlichkeit« sollten Verkäufer nicht begehen.

Tips

- Geben Sie ruhig einen Fehler zu
- Sagen Sie die Wahrheit. Sie macht sich bezahlt

Drehen »krumme Sachen«

Ich habe es schon oft in Unternehmen erlebt, daß Verkäufer »geflogen« sind, weil sie glaubten in der Lage zu sein, »krumme Sachen« zu drehen. Es hat keinen Zweck für ein paar D-Mark seinen Namen zu verlieren.

Tips

- Bleiben Sie ehrlich, es macht sich bezahlt
- Seien Sie besonders gewissenhaft bei der Abrechnung von Warenbeständen

Glauben, sie können manches riskieren

Auch wenn Sie im Außendienst weit vom Sitz der Firma entfernt sind, brauchen Sie nicht zu glauben, daß Sie nicht beobachtet werden. Die Aufgabe des Reisebevollmächtigten liegt in der Überwachung und Kontrolle. Es gehört zu seinen Pflichten, Sie bei Ihrer Arbeit zu beobachten, anzuleiten und zu führen.

Tips

- Wenn Sie etwas riskieren, können Sie u. U. alles riskieren
- Bleiben Sie ehrlich, und Sie gehen den richtigen Weg

Versuchen oft durch Bluff ihren Weg zu machen

Selbstverständlich muß der Verkäufer oft ein wenig übertreiben, um seine Argumente in den Vordergrund zu stellen, darüber schmunzelt der Kunde ja auch. Aber mit zuviel Bluff wird der Verkäufer unglaubwürdig und kann dadurch keinen Erfolg erringen. Statt mit Bluff versuchen Sie es lieber mit besseren Methoden der Aufmerksamkeitsgewinnung.

Tips

- Bringen Sie Ihren Bluff nur dezent an
- Der pedantische Kunde oder Rechenstift-Angestellte läßt sich nicht gern bluffen

---

Einkäufer

Sprechen oft den falschen Mann an

Der Außendienstler kommt mit fliegenden Fahnen ins Einzelhandelsgeschäft und präsentiert seine Ware sofort dem ersten in Sicht kommenden Angestellten. Hat doch keinen Zweck, wenn es der falsche Mann ist. Leider handeln sehr viele Außendienstler so. Oder bei einer Industriefirma lassen sie sich schnell abwimmeln oder verhandeln mit dem falschen Mann.

Tips

- Fragen Sie erst telefonisch an, bevor Sie den Kunden besuchen
- Erkundigen Sie sich genauestens, welche Kompetenzen Ihr Gesprächspartner hat

Verfügen über mangelndes psychologisches Vorgehen

Schade, sie wollen verkaufen, sie bemühen sich. Sie arbeiten von früh bis spät. Nur leider erwähnen sie oft negative Formulierungen oder Aussagen, die psychologisch gesehen völlig falsch sind, weil sie schon bei der Aussage den Kunden ärgern. Wo man es mit Menschen zu tun hat, spielt die Psychologie immer eine große Rolle.

Tips

- Lernen Sie aus Fehlern, die Sie machen
- Beobachten Sie die Vorgehensweise von guten Verkäufern

Vergessen, daß Entscheidungen heute von mehreren getroffen werden

Früher hatten Ihre Gesprächspartner oft die entsprechenden Kompetenzen. Sie waren zumeist sogar Inhaber der Geschäfte. Heute, wo die Größenordnung der Betriebe ständig wächst, werden viele Entscheidungen im Team oder im Gremium getroffen. Viele Verkäufer berücksichtigen diese Tatsache jedoch nicht, und hinterlassen zuwenig Informationsblätter, Prospekte, Broschüren und Verkaufsargumente, die für die Entscheidung im Team notwendig sind.

Tips

- Machen Sie immer mehrere Kopien, zwecks Verteilung an andere Gremiumsmitglieder
- Geben Sie dem Einkäufer Hilfsmittel, so daß er Ihre »Story« weiterverkaufen kann

Liefern dem Einkäufer nicht genügend Produktinformationen

»Ganz neu ist der Artikel«, verkünden sie stolz, »hervorragende Qualität und wir machen eine tolle Werbung.« Mag alles stimmen, aber nur mit Begeisterung verkauft man keine Ware. Der Kunde benötigt mehrere Produktvorteile. Begründungen, warum er kaufen soll, Begründungen, warum er vielleicht einen Artikel aus dem Sortiment nehmen soll, denn die Sortimentsbreite wird heute leider immer größer. Geben Sie deshalb Ihrem Gesprächspartner genügend Fakten in die Hand.

Tips

- Liefern Sie dem Kunden Produktvorteile
- Was Sie nur verbal sagen, ist oft schnell vergessen

Wissen zu wenig über die Eigenschaften des Einkäufers

Hiermit sind natürlich nicht Hobby-Gespräche gemeint. Diese Ära ist vorbei. Keine Zeit heißt die Parole. Und trotzdem ist es wichtig, etwas mehr über den Einkäufer oder Gesprächspartner zu wissen, denn nur so können Sie psychologisch vorgehen. Viele Verkäufer geben sich bei diesem Punkt nicht genügend Mühe.

Tips

- Durch Fragen wird man klug
- Merken Sie sich bei jeder Verhandlung so viel wie möglich, und machen Sie sich entsprechende Notizen

Einwände

Sind nicht für Einwände gewappnet

Sind wir ehrlich, die meisten Einwände wiederholen sich doch täglich. In etwa weiß man schon, welche Kommentare der Kunde machen wird. Warum machen sich so wenig Verkäufer die Mühe, diese zu notieren und zusammen mit Kollegen entsprechende Antworten zu erarbeiten.

Tips

- Nehmen Sie Einwände ernst, notieren Sie diese und erarbeiten Sie mögliche Antworten
- Viele gute Hinweise erhalten Sie oft von dem Kunden selbst

Begegnen Kundeneinwänden mit Ausreden

Kundeneinwände müssen beantwortet werden. Der Kunde sieht hier eine Hürde, er fragt förmlich danach »bitte, sagen Sie mir mehr«. Diese Situation erkennen viele Verkäufer nicht.

Tips

- Eine Ausrede verärgert den Kunden nur
- Nehmen Sie Kundeneinwände ernst

Tauschen zu selten Argumente mit Kollegen aus

Sie sitzen in Seminaren, Konferenzen oder am Mittagstisch und erzählen sich die neuesten Witze. Sehr nett und gesund, denn es ist erwiesen, daß Leute, die viel lachen, keine Magengeschwüre bekommen! Aber geht es nicht um den täglichen Kampf? Ist es nicht eine gute Gelegenheit, sich einmal mit Kollegen über gemeinsame Verkaufsprobleme zu unterhalten – Argumente, Verkaufsideen usw. auszutauschen? Komischerweise wird das nur sehr selten getan. Es wird nicht erkannt, daß sich hier die Gelegenheit förmlich anbietet.

Tips

- Fragen Sie Kollegen, welche Argumente sie verwenden
- Erarbeiten Sie zusammen mit Kollegen gute, neue Verkaufsideen

Begrüßen eintretende Kunden nicht

Im Einzelhandelsgeschäft muß man leider oft feststellen, daß sich Verkäuferinnen und Verkäufer miteinander unterhalten, oder sich anderweitig beschäftigen. In vielen Fällen wird der Kunde nicht begrüßt oder nicht freundlich genug empfangen.

Tips

- Begrüßen Sie ihn nett und freundlich
- Verweisen Sie den Kunden, wenn notwendig, auch an andere Abteilungen

»Bevorraten« den Kunden zu wenig

Sehr oft wird nur das dem Kunden verkauft, wonach er tatsächlich fragt, ohne die Zusatzgeschäfte zu berücksichtigen. Selten wird der Kunde darauf hingewiesen, daß er bei einem Mehrkauf einen günstigeren Preis oder einen Sonderrabatt erhalten wird. Wer eine neue Zahnbürste kauft, ist auch ein potentieller Kunde für Zahnpasta. Wer ein Hemd kauft, könnte eine passende Krawatte dazu sicherlich gut gebrauchen.

Tips

- Überlegen Sie und schreiben Sie die Zusatzprodukte auf einen Zettel, die gerade in Ihrem Bereich angeboten werden können
- Machen Sie sich einen Spaß daraus, dem Kunden immer etwas mehr zu verkaufen

Stehen ungünstig im Geschäft oder Büro herum

Wer desinteressiert ist, beobachtet nicht genügend, was in seiner näheren Umgebung geschieht. Sie stehen ungünstig im Geschäft oder Büro herum und zeigen wenig Flexibilität.

Tips

- Seien Sie beweglich und schnell
- Stehen Sie nicht ungelegen im Geschäft

Parken den Wagen direkt vor dem Schaufenster

Zugegeben, es wird heute immer schwieriger, einen Parkplatz zu bekommen. Die Erfahrung zeigt allerdings, daß es unklug ist, seinen Wagen direkt vor dem Schaufenster des Kunden zu parken. Er sieht es viel lieber, wenn ein kaufender Kunde dort parkt. Außerdem haben Sie den Nachteil, daß er Sie schon genauestens beobachten kann, bevor Sie überhaupt sein Geschäft betreten haben.

Tips

- Versuchen Sie, wenn möglich, Ihren Wagen in der Nähe zu parken
- Die Konkurrenz schaut auch gerne in Ihren Wagen, z. B. welche neuen Produkte Sie anbieten!

Unterhalten sich zu lange mit dem Personal

In vielen SB-Geschäften konnte ich beobachten, daß der SB-Leiter oben von seinem Büro aus Außendienstmitarbeiter beobachtete, die mit seinem Personal sprachen oder sogar flirteten. Das sehen Chefs nicht sehr gern, und mancher Verkäufer verdirbt seine künftigen Chancen dadurch.

Tips

- Seien Sie freundlich, nett und zuvorkommend, aber verlieren Sie nicht allzuviel Zeit
- Seien Sie sich immer bewußt »time is money«.

Emotionen

Sind schnell beleidigt

Wenn man den Verkäufer-Typ mit anderen Menschen-Typen vergleicht, stellt man fest, daß sie meistens sensibler Natur sind. Diese Sensibilität benötigen sie auch dringend, um erfolgreich verkaufen zu können. Mit ihrer »Antenne« spüren sie Kundensignale auf. Allerdings sind Verkäufer oft viel zu schnell beleidigt, was sich natürlich im Verkauf als Nachteil erweist.

Tips

- Zeigen Sie nicht immer ihre Emotionen
- Viele Probleme können mit dem Kunden ausdiskutiert werden

Sind schnell erregbar

Man kann dem Kunden ruhig seine Meinung sagen und braucht nicht alles hinzunehmen. Allerdings sollte man es vermeiden, sich dabei zu erregen, denn in der Erregung wird so manches unkluge Wort ausgesprochen, das besser ungesagt geblieben wäre.

Tips

- Halten Sie sich immer in Schach
- Zählen Sie bis 3, bevor Sie antworten, wenn Sie schnell erregbar sind

Werden unsachlich und emotionell

Unsachliche Argumente seitens des Verkäufers können manchen Kunden zur Raserei bringen. Der beste Weg ist immer zu versuchen, einen Streit nicht erst aufkommen zu lassen.

Tips

- Vermeiden Sie Unsachlichkeit
- Bleiben Sie immer sachlich, engagieren Sie sich bei einem Streit nicht zu sehr

Zeigen Ärger und Aufregung

Wer seinen Ärger und Zorn zeigt, ist meistens schon der Verlierer. Selbstverständlich ist es nicht immer leicht, ausgeglichen zu bleiben, aber es lohnt sich.

Tips

- Versuchen Sie sich immer in der Kontrolle zu behalten
- Ärgern Sie sich doch nicht, es macht sich nicht bezahlt

Entspannung

Beherrschen die Kunst des Entspannens nicht

Es ist ein biologisches Gesetz, daß nach einer Anspannung eine entsprechende Entspannung stattfinden muß. Man kann auch einen Wagen nicht dauernd auf Hochtouren fahren, ohne dabei später große Verschleißerscheinungen festzustellen. Verkäufer müssen viel mehr lernen rationell und ökonomisch mit ihren Kräften umzugehen.

Tips

- Lernen Sie autogenes Training
- Verwenden Sie die Entspannungsmöglichkeiten der Sauna

Entspannen Körper und Geist nur ungenügend

Wer dauernd gehetzt wird, kann bald nicht mehr optimal arbeiten. Deshalb sollte der Verkäufer seine Arbeit wirklich planen, um Zeit für entsprechende Entspannung zu gewinnen. Gerade wer sich tagtäglich im Autoverkehr, bei der Kundschaft usw. aufregen muß, benötigt dringend Entspannung.

Tips

- Gartenarbeit ist sehr wohltuend
- Bauen Sie Entspannungspausen ein – Waldspaziergang usw.

Legen bei längeren Fahrten keine Pause ein

Gern prahlen sie mit ihren Fahrleistungen. Ich bin von Flensburg bis München durchgefahren, in so und soviel Stunden, ohne eine Pause zu machen. Was soll denn das? Vernünftiger wäre es, alle 2–3 Stunden eine Pause einzulegen, denn diese Pause gibt neue Kraft und erhöht die so notwendige Aufmerksamkeit beim Fahren.

Tip

- Mach mal Pause – auch beim Autofahren, wir sind ja keine Maschinen

Nützen nicht die Mittagszeit, um sich zu entspannen und nachmittags wieder leistungsfähiger zu sein

Die Leistungskurve eines Menschen fällt und steigt bekanntlich während des Tages. Deshalb ist ein Mittagessen mit einer entsprechenden Pause für die Regeneration des Körpers sehr wichtig. Viele Einzelhandelsgeschäfte öffnen das Geschäft erst wieder um 15.00 Uhr. Diese Zeit sollte der Außendienstmitarbeiter für eine Entspannungspause – Waldspaziergang oder auch zur Anfahrt zum Kunden – verwenden, so daß er ohne Hetze fahren kann.

Tips

- Arbeiten Sie während des Morgens hart, um die Mittagspause zur Entspannung zu haben
- Vermeiden Sie Bier zum Essen, denn es macht sehr träge und müde

Eröffnung

Beginnen »ich komme zufällig vorbei«

Wie oft schon hat ein Verkäufer diesen Satz unbedacht zum Kunden gesagt. Er ist oft ein Zeichen für mangelndes Selbstvertrauen. Wer beim Kunden zufällig vorbeikommt, sollte sich nicht wundern, wenn er auch »zufällig« keinen Auftrag erhält.

Tips

- Sagen Sie dem Kunden, daß Sie extra seinetwegen gekommen sind
- Lassen Sie den Kunden wissen, daß er für Sie wichtig ist

Kommen nicht schnell genug zum Kern der Sache

Normalerweise gibt es im Verkaufsgespräch verschiedene Phasen. Obwohl es nicht unbedingt danach verlaufen muß. In manchen Fällen bestellt der Kunde auch sofort, ohne sich erst ein langes Verkaufsgespräch anzuhören. Gute Verkäufer erkennen die Situation spontan. Schlechte Verkäufer kommen aber leider oft nicht schnell genug zum Kern der Sache.

Tips

- Fassen Sie sich kurz. Sprechen Sie, wenn möglich, im Telegrammstil
- Arbeiten Sie mit Hilfsmitteln, um Zeit zu sparen

Sagen »Ich werde mich kurz fassen« und sprechen dann zu langatmig

Ach, wieder ein Vertreter, denkt der Kunde. Na, da kannst du wieder mit einer dreiviertel Stunde Zeitverlust rechnen, bis er endlich geht. Viele Kunden wollen Vertreter nicht empfangen, weil sie eben zu langatmig sprechen und nicht schnell genug ihre Präsentation vorführen. Sie wollen sich kurz fassen, tun es aber nicht.

Tips

- Sagen Sie dem Kunden, daß Sie nicht länger als 5 Minuten sprechen werden und legen Sie eine Uhr hin
- Üben Sie die kurzen, knappen Formulierungen

Fesseln nicht mit visuellen Hilfsmitteln oder Gags

Die verbale Aussage rückt im Zeitalter des Fernsehens immer mehr in den Hintergrund. Im Kommen sind visuelle Hilfsmittel, Prospekte, Fotos, Gags, um die Aufmerksamkeit zu wecken. Leider verwenden viele Verkäufer diese Zusatzmittel noch viel zu selten.

Tips

- Zeigen Sie dem Kunden so schnell wie möglich, um was es geht
- Verwenden Sie Eröffnungsgags und gute Ideen, um die Aufmerksamkeit des Kunden zu gewinnen

Versuchen nicht Vertrauen und Glaubwürdigkeit zu gewinnen

Elmer Wheeler sagt: »Die ersten fünf Wörter sind wichtiger als die nächsten zehntausend.« Gerade bei der Gesprächseröffnung kann der Kunde ja oder nein sagen. Bei einem Nein ist es dann sehr schwierig weiterzureden. Viele Verkäufer bemühen sich nicht genügend darum, Vertrauen und Glaubwürdigkeit schon bei der Eröffnung zu gewinnen.

Tips

- Wer die Eröffnung gut beherrscht, kommt schneller zum Schluß
- Entwickeln Sie Standarderöffnungssätze

Erscheinungsbild

Überprüfen ihr Erscheinungsbild nicht

Oskar Schellbach sagt: »Leider erkennen die Menschen uns nicht so an, wie wir sind, sondern wie wir erscheinen.« Die Mode erlaubt es heute jedem, sich mehr oder weniger nach seinem Geschmack anzuziehen. Vieles ist erlaubt, wenn der Verkäufer dabei ordentlich und adrett aussieht. Leider ist dies allerdings nicht immer der Fall, mit zerknautschten Hosen und fleckigen Schlipsen werden Sie kaum ein gutes Bild abgeben.

Tips

- Überprüfen Sie sich noch einmal im Spiegel, bevor Sie das Haus verlassen
- Lassen Sie sich von einem guten Kleidungsfachmann beraten

Sehen nicht wie aus dem Ei gepellt aus

Es ist immer eine Freude, einen gut angezogenen Mann zu treffen. Ob wir es wollen oder nicht, die Kleidung trägt ungeheuer zum Erfolg bei. Wer wie aus dem Ei gepellt aussieht, wird sicherlich auch gute Produkte haben. Viele Verkäufer beachten diesen Aspekt nicht genug.

Tips

- Es ist leicht möglich, die Wichtigkeit seines Erscheinungsbildes zu vergessen
- Gute Qualität macht sich immer bezahlt

Tragen ungeputzte Schuhe

Leider betrachten die Leute einen von Kopf bis Fuß. Die modernste Kleidung, das beste Auftreten nützen nur wenig, wenn die Schuhe ungeputzt sind.

Tips

- Halten Sie im Wagen oder im Büro eine Schuhbürste und Lappen parat
- Putzen Sie Ihre Schuhe abends regelmäßig

Sind oft schlecht rasiert

Zugegeben, nicht jeder hat einen Milchbart. Viele Männer haben das Problem, daß ihr Bart schnell und rasch nachwächst. Binnen kurzer Zeit haben sie wieder einen dunklen Stoppelbart, der natürlich sehr unansehnlich ist.

Tips

- Nehmen Sie einen Reserve-Elektrorasierer im Wagen mit
- Halten Sie einen Apparat im Büro oder Geschäft parat

F

Familie

Vernachlässigen die Familie zu sehr

Ein glückliches Familienleben ist ein wichtiges Fundament für jeden Mann. Wer Familienärger mit auf den Weg nimmt, wird im Beruf nicht frei und konzentriert arbeiten können. Es kann auch nicht im Sinne der Firma sein, wenn Sie sich Tag und Nacht nur Ihrer Arbeit widmen. Vernachlässigen Sie Ihre Familie nicht, wie es leider so viele Außendienstler tun.

Tips

- Besprechen Sie immer alles offen und ehrlich mit Ihrem Partner
- Denken Sie auch an Ihre Kinder und beschäftigen Sie sich mit ihnen

Beachten nicht, daß Familienglück das Fundament für den Erfolg ist

In wenigen Berufen ist man so vielen Reizen und Versuchungen ausgeliefert, wie bei dem Verkäuferberuf. Schnell kann der Verkäufer in eine schwierige Situation hineinschlittern. Verkäufer sollten deshalb ihr Familienglück immer in den Vordergrund stellen.

Tips

- Denken Sie immer daran, Ihre Ehe ist wichtig
- Kennen Sie immer Ihre Grenzen?

Vergessen, daß das Leben nicht nur aus Arbeit bestehen sollte

Wer klug ist, arbeitet hart während der Woche und versucht das Wochenende mit seiner Familie in Harmonie zu verbringen. Es hat wenig Sinn, die Uhr ständig zu überdrehen, es rächt sich nach kurzer Zeit.

Tips

- Seien Sie nicht ein Arbeitsneurotiker
- Versuchen Sie in Harmonie zu leben

Firmenanweisung

Beachten Firmenanweisungen nicht

»Das habe ich nicht gewußt«, ist eine billige Ausrede. Sie sollten die Anweisungen der Firmenleitung immer ausführen, da diese immer einen Sinn und Zweck erfüllen. Viele Verkäufer ignorieren allerdings diese Tatsache.

Tips

- Studieren Sie die erhaltenen Anweisungen
- Wenn Sie nicht sicher sind, dann fragen Sie Ihren Vorgesetzten

Befolgen die Anweisungen nicht korrekt

»Ach, was soll denn das schon wieder?« »Hier kann ich ja eine Ausnahme machen.« So denken leider viele Verkäufer. Heute in unserem Computerzeitalter müssen wir aber immer exakter werden.

Tips

- Arbeiten Sie nach einem festen System
- Wer korrekt und exakt arbeitet, hat es später bei der Abrechnung leichter

Ändern Anweisungen nach Belieben ab

Auch die Kunden werden Verständnis für die Ausführung vieler Anweisungen haben, die Sie befolgen sollten. Im Zweifelsfalle zeigen Sie die Anweisungen dem Kunden ruhig, um so sein Verständnis zu bekommen. Viele Verkäufer scheuen sich aber davor, das Kind beim Namen zu nennen.

Tips

- Haben Sie die Anweisungen in einem Ordner immer parat
- Rufen Sie ruhig den Innendienst oder Ihren Vorgesetzten an, wenn Sie sich nicht sicher sind

Legen Anweisungen ungelesen ab

Bei Erhalt der Post hat man zweifelsohne nicht immer die Zeit, sofort ein Rundschreiben, einen Brief oder sonstige Nachrichten zu lesen. Legen Sie deshalb Ihre wichtige Post in einen roten Ordner, so daß Sie sie abends oder zu gegebener Zeit in Ruhe lesen können.

Tips

- Verwenden Sie einen Transparent-Stift, um beim Lesen sofort die wichtigsten Punkte festzuhalten
- Bitten Sie Ihre Gattin oder Sekretärin Ihnen dabei behilflich zu sein

Interessieren sich nicht für die Büroarbeit

Selbstverständlich ist der Verkauf immer vorrangig, denn wir leben ja vom Umsatz. Trotzdem sollte der Verkäufer die sorgfältige Erledigung der Büroarbeit nicht außer acht lassen. Wenn diese nicht klappt, dann wird auch die ganze Abwicklung schnell ins Stocken geraten und dies kann sehr leicht zur Kundenverärgerung führen.

Tips

- Planen Sie Bürostunden ein
- Zwingen Sie sich, die Büroarbeit richtig zu erledigen

Formulierung

Formulieren schlecht

»Entschuldigen Sie, daß ich Sie unterbreche.« In manchen Situationen ist diese Formulierung angebracht. Aber bei der Zusammenarbeit habe ich feststellen müssen, daß viele zaghafte Verkäufer diese Formulierung viel zu oft verwenden.

Tips

- Strahlen Sie Selbstbewußtsein aus
- Geben Sie dem Kunden den Eindruck, daß Sie ihn niemals unterbrechen!

Sagen oft: »Es ist gut möglich«

Diese Formulierung gibt dem Kunden nicht recht. Leider wird sie von Verkäufern aber sehr oft gebraucht, obwohl sie meistens nicht sehr gut ankommt. Der Kunde möchte eine positive Zusage haben.

Tips

- Äußern Sie diese Formulierung und überprüfen Sie dann einmal die Resonanz bei dem Kunden
- Diskutieren Sie sie mit Kollegen

Sagen auch: »Da müssen Sie mir recht geben«

Erstaunlich oft wird diese Formulierung im Außendienst oder beim Einzelhandelsverkauf angewandt. Sie ist nicht besonders glücklich, weil sie ja den Gesprächspartner gewissermaßen zwingt, einen Standpunkt einzunehmen.

Tips

- Verwenden Sie sie möglichst nicht
- Man kann niemanden zwingen, einem recht zu geben

Sagen ebenfalls: »Ich kann das nicht begreifen«

Auch diese Formulierung versetzt den Gesprächspartner in eine ungünstige Situation. Sie sagen damit, daß Sie an seiner Glaubwürdigkeit zweifeln.

Tip

- Auch dieser Ausspruch sollte nicht verwandt werden

Oder sagen: »Wir wollen uns über diesen Punkt nicht streiten«

Viele Verkäufer verwenden diese Formulierung. Ich persönlich finde sie nicht sehr gut, weil man gar nicht erst den Gedanken aufkommen lassen sollte, daß man sich überhaupt streitet. Das Wort »Streit« wirkt meistens sehr negativ.

Tip

- Nicht verwenden!

Sprechen negativ über die Konkurrenz

Gute Verkäufer wissen, daß man den Konkurrenznamen gar nicht nennen sollte, weil man damit ja eine gewisse Werbung für die Konkurrenzfirma macht. Noch schlechter ist allerdings, wenn man negative Äußerungen über Konkurrenten macht.

Hier reagieren die Kunden meist sehr allergisch.

Tip

- Ebenfalls, wenn möglich, nicht verwenden

Fragemethode

Wissen nicht, daß der, der fragt, das Gespräch führt

Die Fragetechniken sind hochwirksame Waffen für diejenigen, die sie beherrschen. Leider verwenden 90% aller Verkäufer die verschiedenen Techniken gar nicht.

Tips

- Es gibt einige gute Bücher über die Fragetechnik
- Es gibt gute Tonbildschauen zu diesem Thema

Kennen die Fragemethodik nur in der Theorie

Obwohl die Fragemethode in vielen Seminaren gelehrt wird, haben es viele Trainer nicht optimal verstanden, eine Methode zu entwickeln, die dazu führt, daß Verkäufer sie auch täglich in der Praxis anwenden. Ein Fehler, denn gutes Training bedeutet ja Verhaltensänderung zu bewirken.

Tips

- Verkaufen Sie zu zweit und lassen Sie Ihren Kollegen überprüfen, ob Sie die Fragemethodik richtig anwenden
- Üben Sie sich tagtäglich in dieser Methode

Vergessen, daß man durch Fragen auch lernt

Programmierte Verkaufsgespräche sind nicht immer ideal. Besonders, wenn sie nicht situativ ausgerichtet sind. Viele Verkäufer sind der Meinung, daß man sein Verkaufsgespräch abspulen muß. Kluge Verkäufer wissen, daß man durch Fragen ein Gespräch lenkt.

Tips

- Üben Sie tagtäglich
- Verwenden Sie die Wörter wo, wie, was, warum, wieso

Sollten die Fragetechnik von Kindern lernen

Meister der Fragetechnik sind zweifellos die Kinder. Tagtäglich löchern sie uns mit ihren Fragen. Ihre Wißbegierde kann einen manchmal bis zur Raserei bringen, aber sie lernen und gewinnen.

Tips

- Lernen Sie von Kindern
- Hören Sie sich die »kleinen Meister« an

Fragen den Kunden nicht nach seinen Vorschlägen

Viel zu wenig Kontroll- und Zustimmungsfragen werden durch den Verkäufer vor der Abschlußphase verwandt. Die Verkäufer reden und reden und sehen gar nicht, daß der Kunde durch Kopfnikken schon im Geiste gekauft hat.

Tips

- Fragen Sie den Kunden, ob er dies oder das haben will
- Bitten Sie den Kunden, Ihnen Vorschläge zu machen

Übergehen die Fragen des Kunden

Diese Methode ist auch richtig, wenn sie bewußt nach der »Überhörtechnik« vorgenommen wird. Sie ist aber schlecht, wenn der Verkäufer, ohne psychologische Kenntnisse, einfach sein programmiertes Verkaufsgespräch loswerden will. Fragen seitens des Kunden bekunden oft echtes Interesse.

Tips

- Nützen Sie diese Chancen
- Freuen Sie sich, wenn Ihnen Ihre Kunden Fragen stellen

G

Gedächtnis

Sind zu faul, Wichtiges zu behalten

»Klare Sache, das machen wir« usw., Versprechungen über Versprechungen. Der Kunde wartet und ist dann verärgert und enttäuscht. Verkäufer sollten lernen, weniger Versprechungen zu machen, aber die gegebenen Zusagen auch auszuführen und zu halten.

Tips

- Seien Sie vorsichtig, versprechen Sie nicht zu viel
- Schreiben Sie lieber das Versprochene auf

Haben wichtige Preise nicht im Kopf

»Und wieviel kostet diese Ware?« »Moment mal, ich schaue schnell nach.« Verwundert blickt der Kunde den Verkäufer an. Verkäufer sollten wirklich ihr Sortiment und die Preise kennen, um immer richtig beraten zu können.

Tips

- Lernen Sie die Preise auswendig – oder,
- haben Sie alles zur Hand, so daß Sie nicht lange suchen müssen

Üben sich nicht in der Kunst Namen zu behalten

Der Name eines Menschen ist der Schlüssel zu ihm. Erstaunlicherweise gibt es sehr viele Menschen, die, »wie war Ihr Name noch«? heißen. Zuwenig Verkäufer bemühen sich, den Namen überhaupt in Erfahrung zu bringen oder ihn zu behalten.

Tips

- Namen kann man sich besser merken, wenn man sich darin übt
- Fragen Sie den Kunden nach dem Namen und wiederholen Sie ihn sofort

Schreiben alles auf Zettel

»Ach ja, das habe ich doch irgendwo aufgeschrieben. Wo kann der Zettel bloß sein.« Die Zettelwirtschaft führt zu gar nichts. Verkäufer sollten mit einem Notiz- oder Taschenbuch arbeiten, in das sie alles schreiben. Als persönliche Zentralregistratur.

Tip

- Kaufen Sie sich ein größeres Taschenbuch

Gesicht

Beherrschen nicht den Ausdruck Ihres Gesichtes

Leider spielt auch der Gesichtsausdruck eines Verkäufers eine große Rolle, sonst könnte man Computer als Verkäufer losschicken. Verkäufer bemühen sich viel zuwenig, den Kunden durch Gesichtsmimik zu fesseln. Ihr Gesichtsausdruck ist lahm und wirkt oft interessenlos.

Tips

- Üben Sie vor einem Spiegel
- Gesichtsmimik hilft verkaufen

Machen ein unfreundliches Gesicht

Man könnte glauben, sie allein tragen alle Last dieser Erde. Zugegeben, das Wetter ist schlecht, es wird wenig verkauft und die Wirtschaftslage ist nicht gerade rosig zu nennen. Aber mit so einem unfreundlichen Gesicht wird das alles sicherlich nicht besser werden.

Tips

- Strahlen Sie Freude und Freundlichkeit aus
- Freundliche Menschen sind überall gern gesehen

Haben zuwenig persönliche Ausstrahlung

Sehr oft spricht man vom menschlichen Fluidum, von Charisma, von der Ausstrahlung, und sie gibt es auch in der Tat. Nur viel zuwenig Verkäufer bemühen sich, eine starke Persönlichkeit zu haben.

Tips

- Arbeiten Sie an sich selbst
- Seien Sie ganz natürlich in Ihren Bewegungen

Lassen die Natürlichkeit fehlen

So viele Menschen versuchen eine Rolle zu spielen, die gar nicht zu ihnen paßt. Vielleicht versuchen sie etwas zu verbergen? Jedenfalls denken es viele. Der beste Gradmesser für die richtige Handhabung ist Natürlichkeit.

Tip

- »Be yourself«, sagen die Engländer

Zeigen ihre Probleme und Sorgen

Durch Erwecken des Mitleides verkauft man keine Produkte. Die »Studentenmasche« an der Tür zieht heute nicht mehr. Probleme und Sorgen hat jeder und jeder muß mit ihnen fertig werden. Vom Verkäufer erwartet man Verkaufsgespräche und Aufträge.

Tips

- Strahlen Sie trotz Sorgen während Ihrer Arbeit Optimismus aus
- Helfen Sie lieber anderen Menschen bei deren Problemen – Problemlösungen helfen verkaufen

---

Gesprächstaktik

Besitzen zu wenig Gesprächstaktik

Es wird einfach darauflosgeredet, ohne zu denken, ohne Zielsetzung, ohne Strategie und Gesprächstaktik. Der rote Faden fehlt. Kein Wunder, wenn Kunden verwirrt werden.

Tips

- Gehen Sie strategisch vor. Kennen Sie Ihr Ziel
- Üben Sie Verkaufsgespräche mit einem Partner

Arbeiten mit zuwenig psychologischem Vorgehen

Kunden wissen, »ja, der will mir bloß etwas verkaufen«. Deshalb ist es dringend erforderlich im Verkauf psychologisches Geschick zu entwickeln. Langsames Vorantasten auf dem Weg zum Erfolg ist ratsam. Diese Gabe besitzen viele schlechte Verkäufer leider nicht.

Tip

- Lernen Sie durch Erfahrung. Beobachten Sie gute Verkäufer

Lassen den Kunden nicht ausreden

Aus meiner langen Praxis kann ich bestätigen, daß dies einer der gravierendsten Fehler der Verkäufer ist. Deshalb sollte im Trainingsseminar viel mehr die Kunst des Zuhörens gelehrt werden.

Tips

- Schreiben Sie ganz groß auf eine Karte: »Lasse den Kunden ausreden.«
- Üben Sie täglich das Zuhören

Verschießen ihr ganzes Pulver zu Beginn des Gespräches

Im Verkaufsprozeß muß man eine allmähliche Steigerung haben, bis hin zum Abschluß. Die positiven Punkte, die Trümpfe, die man als Verkäufer in der Hand hat, darf man nicht zu Beginn verspielen.

Tips

- Behalten Sie sich einige gute Punkte für Ihr Plus-Minus-Gespräch zurück
- Verschießen Sie nicht gleich Ihr ganzes Pulver zu Beginn

Gesundheit

Tun nicht genügend für ihre Gesundheit

Jeder Körper ist Verschleißerscheinungen ausgesetzt. Mit zunehmendem Alter wird der Körper anfälliger. Deshalb sollte man frühzeitig Geld und Zeit in die Gesunderhaltung investieren. Viele beachten die biologischen Gesetze zuwenig.

Tips

- Lassen Sie sich alle 12 Monate gründlich vom Arzt untersuchen
- Lernen Sie die wichtigsten Gesundheitsregeln kennen

Laufen und bewegen sich zuwenig

Auch der Außendienstmitarbeiter sitzt während des Tages viel zu lange hinter dem Steuer. Viele Verkäufer fahren noch abends um die Ecke, um ihre Post wegzubringen. Ein Spaziergang wäre besser.

Tips

- Machen Sie abends Gymnastik
- Laufen und bewegen Sie sich so viel wie möglich

Treiben zuwenig Sport

»Keine Zeit«, heißt die Parole, und trotzdem gibt es viele, die es ermöglichen, einen Abend während der Woche für eine sportliche Betätigung zu reservieren, das sollte auch der Verkäufer versuchen einzurichten.

Tips

- Legen Sie einen Abend in der Woche fest, um an ihm Sport zu treiben
- Viele treten einem Kegelverein bei

Essen zu unregelmäßig

Bekanntlich ist das Frühstück die wichtigste Mahlzeit. Wie viele Menschen verlassen frühmorgens das Haus, ohne in Ruhe gefrühstückt zu haben. Trinken eine halbe Tasse Kaffee im Stehen, um noch den Bus oder den Zug zu erreichen. Kein Wunder, wenn sie frühzeitig ermüden oder Magenbeschwerden bekommen. Verkäufer sollten früher aufstehen und ausgiebig frühstücken. Immer daran denken, daß es die wichtigste Mahlzeit ist.

Tips

- Stehen Sie 15 Minuten früher auf
- Beginnen Sie nie den Tag mit Hetze

Gewinn

Argumentieren nicht »gewinnbringend«

Der Kunde will einen guten Kauf tätigen. Er soll für ihn gewinnbringend sein. Viele Verkäufer argumentieren viel zu Ich-bezogen. Wichtig für den Kunden ist, welche Vorteile er hat.

Tips

- Argumentieren Sie gewinnbringend
- Nennen Sie den Nutzen für den Kunden

Zeigen dem Kunden nicht schwarz auf weiß, was er verdienen kann

Zahlen gehen meistens ins eine Ohr hinein und kommen aus dem anderen Ohr wieder heraus. Viele Verkäufer haben nicht begriffen, daß man viel mehr mit Papier und Bleistift argumentieren sollte. Besonders wenn es um Zahlen geht. Zeigen Sie dem Kunden schriftlich was er verdienen kann.

Tips

- Verwenden Sie immer einen Block und Kugelschreiber
- Visualisieren Sie Ihr Verkaufsgespräch

Vergessen oft, daß Gewinn eine Motivation für den Einkaufenden ist

Es soll ein günstiger Kauf sein, er soll vorteilhaft sein. Der Kunde will das Gefühl haben, daß er ein gutes Geschäft gemacht hat. Gelingt es allen Verkäufern, dieses Gefühl dem Kunden zu geben?

Tips

- Argumentieren Sie mehr mit »sie« als mit »ich«
- Zeigen Sie dem Kunden, wo sein Vorteil liegt

Stellen den Gewinn viel zuwenig in den Vordergrund

Der Gewinn braucht nicht unbedingt in barer Münze zu liegen, er kann sich auch in dem Bereich von Service und Merchandising bemerkbar machen. Diese Tatsache wird viel zuwenig berücksichtigt.

Tips

- Analysieren Sie genau, was Sie dem Kunden anbieten können
- Entwickeln Sie eine Verkaufsmatrix

Glaubwürdigkeit

Berücksichtigen nicht, daß Glaubwürdigkeit wichtiger ist, als das beste Argument

Schnelle Geschäfte bringen keine Dauerkunden. Schon oft sind Einkäufer und Kunden durch »schnelle Verkäufer« übers Ohr gehauen worden. Deshalb spielt das Gewinnen von Glaubwürdigkeit eine große Rolle. Verkäufer tun gut daran, wenn sie diese Weisheit nicht außer acht lassen.

Tips

- Gewinnen Sie erst die Glaubwürdigkeit beim Kunden
- Bauen Sie das Vertrauen zu Ihnen systematisch auf

Sollten lieber auf einen Auftrag verzichten, als einen Kunden zu verlieren

Sie kämpfen oft einen harten Kampf mit dem Kunden, um den Auftrag in die Tasche zu bekommen. Wie dumm, vielleicht hätten Sie heute nicht siegen sollen, denn lieber Verkäufer, heute haben Sie den Auftrag zwar gewonnen, aber vielleicht auch einen Kunden verloren.

Tips

- Entwickeln Sie lieber eine langfristige Strategie
- Vermeiden Sie es, den Kunden zu verärgern

H

Haltung

Haben einen schlechten Gang

Natürlich kann nicht jeder wie Adonis durch die Gegend marschieren. Aber gerade heute kann man bei den jüngeren Verkäufern die Feststellung machen, daß ihre Haltung wirklich sehr zu wünschen übrig läßt. Es macht auch auf den Kunden einen schlechten Eindruck.

Tips

- Achten Sie mehr auf Ihre Haltung
- Beobachten Sie sich in einem Fernsehlehrgang

Gehen gebeugt und unterwürfig

Es ist bekannt, daß der Optimist immer nach oben blickt und der Pessimist nach unten. Wie Sie beim Kunden stehen, läßt Ihren emotionellen Zustand erkennen. Dabei ist es so wichtig, selbstbewußt aufzutreten.

Tips

- Lassen Sie sich nicht unterkriegen
- Reißen Sie sich ab und zu zusammen

Betteln mitunter um den Auftrag

Besonders in früheren Zeiten konnte ich bei der Zusammenarbeit feststellen, daß viele Verkäufer, die in der Argumentation nicht stark waren, unter Umständen sogar um einen Auftrag bettelten. »Herr Meier, ich brauche noch einen Auftrag heute.« So etwas ist natürlich sehr schlecht, weil es einen negativen Eindruck beim Kunden hinterläßt

Tips

- Betteln Sie nie
- Verkaufen Sie die Produktvorteile

Herzenstakt

Fehlt das natürliche Taktgefühl

Viele Menschen sind mitunter sehr taktlos. Kein Wunder, wenn sie dann von ihren Mitmenschen nicht akzeptiert werden. Takt und gutes Benehmen spielen aber in den zwischenmenschlichen Beziehungen eine große Rolle.

Tips

- Ich glaube nicht, daß man Takt unbedingt lernen kann, aber versuchen Sie es wenigstens
- Denken Sie, bevor Sie sprechen

Lassen es an Mitempfinden und Empathy fehlen

Es gibt Situationen, in denen auch der Kunde ein klein wenig Ermunterung benötigt. Hier haben Sie die menschliche Pflicht, den anderen zu ermutigen und zu helfen. Ich kenne viele Situationen, in denen diese aufrichtige Hilfe gute Beziehungen gebracht hat.

Tips

- Zeigen Sie in Notfällen auch Mitempfinden
- Auch Ihr Rat und Ihre Tat wird mitunter gern angenommen

Verletzen andere durch Ihre Äußerungen

Manche Menschen treten immer ins Fettnäpfchen. Sie bedenken nicht was sie sagen, weil sie einfach darauflosreden. Vermeiden Sie Streit und Ärger. Gehässige Bemerkungen sind nie am Platze.

Tips

- Analysieren Sie Ihre Äußerungen
- Vermeiden Sie es, andere Menschen zu verletzen

Verwenden oft ungeschickte Formulierungen

Wir alle sollten aus Erfahrungen lernen. Wie oft haben wir schon bemerkt, daß wir durch eine ungeschickte Formulierung Feindschaft und Mißverständnis verursacht haben.

Tips

- Welche ungeschickten Formulierungen verwenden Sie, bewußt oder unbewußt
- Arbeiten Sie an einem Verbesserungsprogramm

Hilfsbereitschaft

Lassen es oft an Hilfsbereitschaft fehlen

Viele Erfolgsberichte von Verkäufern zeigen immer wieder, daß die Hilfestellung seitens des Verkäufers sich letzten Endes immer bezahlt gemacht hat. Erweisen Sie dem Kunden einen Dienst. Leider sind viele Verkäufer so auf ihren eigenen Erfolg programmiert, daß sie oft gar nicht an den Partner denken.

Tips

- Es gibt Gelegenheiten, wo Sie helfend die Hand reichen sollten
- Ein hilfsbereiter Verkäufer wird überall gern gesehen. Gehören Sie auch zu ihnen?

Sind zu selten bereit, die kleinen Extras für den Kunden zu erledigen

Der Kunde ist in Eile, er bittet Sie, eine Kleinigkeit für ihn zu erledigen. Natürlich kostet es Zeit, aber Sie helfen dem Kunden, ein augenblickliches Problem zu lösen. Außerdem wird er es Ihnen nicht so schnell vergessen und Sie haben sich dadurch von anderen Verkäufern differenziert.

Tip

- Denken Sie immer daran, daß kleine Dienstleistungen große Dividende bringen können

Wissen nicht, daß eine helfende Hand Erfolge bringt

Ein Bekannter von mir erfuhr bei einem Kunden, daß dessen Frau im Krankenhaus lag, Diagnose »Schrumpfniere«. Sie war also unheilbar krank. Mein Bekannter hatte mit seiner Frau den gleichen Fall gehabt und ein Heilpraktiker hatte ihr geholfen. Sofort schickte er den Kunden zu dem Heilpraktiker. Dieser Mann hat auch dieser Frau wirklich geholfen. Die menschliche Seite sollten Verkäufer immer mit berücksichtigen.

Tips

- Es gibt überall Möglichkeiten, mit Rat und Tat zu helfen
- Seien Sie bereit, auch die Augen offenzuhalten

Bieten keine Problemlösungen für weniger gängige Artikel an

Wenn Sie als Außendienstmitarbeiter dem Kunden eine allzu große Menge an Ware verkauft haben, sollten Sie auch darauf achten, daß Sie ihm beim Abverkauf mit Tips, Hinweisen und Display-Mitteln zur Seite stehen.

Tips

- Helfen Sie bei Problemlösungen
- Forcieren Sie die weniger gängigen Artikel, um somit neue Aufträge zu bekommen

---

Hochdruckverkauf

Hochdruckverkauf erzeugt immer Spannung

Der Kunde merkt doch sofort, wenn Sie ihm etwas »andrehen« wollen. »Nun machen Sie mal halt, nicht so stürmisch junger Mann«, sind dann die üblichen Formulierungen. Gute Verkäufer lassen den Kunden gar nicht merken, daß er kauft, bei ihnen ist es ein ganz natürlicher Vorgang.

Tips

- Holen Sie nicht plötzlich den Auftragsblock aus der Tasche
- Vermeiden Sie Spannungen

Tiefdruckverkauf ist ebenso unvorteilhaft

Ein Verkäufer muß selbstbewußt und überzeugend auftreten. Zaghafte Aussprache, ungelenke Körperbewegung und allgemeine Unsicherheit hinterlassen einen schlechten Eindruck. Langsames und zu monotones Sprechen kann den Kunden leicht ungeduldig machen.

Tips

- Analysieren Sie, wie Sie eigentlich verkaufen
- Finden Sie einen Mittelweg

Der nur Hochdruck-Verkäufer stirbt heute einen schnellen Tod

Desto mehr sich die Produkte im Markt ähneln, desto mehr muß der Verkäufer und seine Firma Service- und Dienstleistungen in den Vordergrund stellen. Kontaktanbahnungen und Lieferverträge sind meistens längerfristig und können nicht mit der Überrumpelmethode erreicht werden.

Tips

- Hochdruck-Verkäufer werden nicht erfolgreich sein
- Schauen Sie dem Kunden aufrichtig in die Augen und verkaufen Sie Ihr Produkt mit Selbstbewußtsein

Der Verkäufer ohne Merchandising-Arbeit im Einzelhandel ist schlimmer, als der Hochdruck-Verkäufer von früher

In Zeiten eines Produktüberangebotes werden große Mengen seitens der Industrie in den Einzelhandel hineingepumpt. Diese großen Bestellmengen kosten den Kunden Kapital und Lagerplatz. Der kluge Verkäufer sollte deshalb alles tun, um mit für einen guten Abverkauf zu sorgen. Kurzsichtige Verkäufer beachten diesen wichtigen Punkt nicht

Tips

- Setzen Sie eine Werbedame ein
- Stellen Sie die Ware an standortgünstige Plätze

Hygiene

Beachten nicht ihren Mundgeruch

Kennen Sie Menschen, die daran leiden? Sicherlich haben Sie die Personen noch in Erinnerung. Dafür kann man ja nichts, wenn man z. B. mit seinem Magen Schwierigkeiten hat, aber Zähneputzen kann jeder. Sollte der Mundgeruch tagtäglich vorkommen, gehen Sie zum Arzt. Bei selten vorkommendem Mundgeruch ist es freilich gut, wenn man mit einer näherstehenden Person die Abmachung hat, daß man sich gegenseitig einen Tip gibt. Blend-a-med hilft.

Tips

- Vermeiden Sie Mundgeruch
- Putzen Sie Ihre Zähne regelmäßig

Wechseln ihre Wäsche zuwenig

Die Zeitungen haben genügend über die Hygienesitten der deutschen Bevölkerung geschrieben. Ob nun angebracht oder nicht, Tatsache bleibt, daß viele ihre Wäsche nicht oft genug wechseln. Hierauf sollte man stets achten, schon aus hygienischen Gründen.

Tip

- Frische und saubere Kleider geben mehr Selbstsicherheit

Verwenden kein Deodorant

In den letzten Jahren ist man von dem Deostift abgekommen, und Deomittel sind heute in den praktischen Spraydosen vorhanden. Jeder Verkäufer sollte davon Gebrauch machen, um sicher zu sein, daß er für seine Kundschaft akzeptabel ist. Viele kaufen diese Mittel nicht aus Sparsamkeitsgründen. Doch meiner Meinung nach sparen sie am falschen Platz.

Tips

- Verwenden Sie ein gutes Deomittel, Beispiel CREDO
- Vergessen Sie aber nicht, auch Wasser und Seife leisten gute Dienste

Ich-Argument

Verwenden zu häufig Ich-Formulierungen

Nehmen Sie einmal unvoreingenommen mehrere Schreiben zur Hand, und Sie werden feststellen, daß die Ich-Formulierung sehr häufig verwandt wird. Schon gar nicht sollte man Sätze mit »Ich« beginnen, aber dies beachten leider viele nicht. Verkäufer neigen sehr leicht dazu, im Verkaufsgespräch viel zu viele Ich-Formulierungen zu verwenden.

Tips

- Mehr »Sie« anstatt »Ich«
- Üben Sie es mit dem Tonband

Verwenden zuwenig Wir-Formulierungen in der Korrespondenz

Es sind ja die kleinen Wörter, die oft eine so große Bedeutung haben. Sie können Menschen viel eher mitreißen, wenn Sie bei der zu erledigenden Arbeit von »Wir« sprechen. Viele Verkäufer kennen diese Technik nicht – dies gilt aber auch für manche ihrer Führungskräfte.

Tip

- Mehr »Wir«-Formulierungen um den Kunden mitzureißen, wir könnten ja ...

Sollten ihre Gespräche mit dem Tonbandgerät überprüfen

Tonbandgeräte sind heute in jeder Menge zu günstigen Preisen erhältlich. Ein Kauf lohnt sich für alle, die reden und sprechen müssen. Auch Sie sollten sich zu Hause ein Gerät für Übungszwecke bereitstellen. Wenige Verkäufer kennen überhaupt ihre Stimme – ihr Hauptkapital. Wie ist es bei Ihnen? Sehen Sie, deshalb sollten Sie sich selbst analysieren.

Tips

- Kaufen Sie sich ein Tonbandgerät
- Üben Sie tagtäglich, so daß Sie besser sprechen lernen

Sollten im Wagen »Erinnerungskarten« mit »Wir« anbringen

Gutes Training bewirkt Verhaltensänderung. Es genügt nicht nur zu wissen, daß man mehr »Wir« und weniger »Ich« sagen soll, wir sollten dieses Wissen auch in der Praxis anwenden. Da dies nicht immer leicht ist, fertigen Sie einige »Wir«-Karten an, so daß Sie diese im Auto als ständige Erinnerung vor sich haben.

Tips

- Übung macht den Meister
- Versuchen Sie, immer besser zu werden

Ideenkartei

Wissen nicht, daß eine Idee der Zündstoff für die nächste Idee ist

Haben Sie schon ein Brainstorming mitgemacht? Man könnte es auch eine Blitzideen-Konferenz nennen. Hier ist jegliche Kritik untersagt und nur Ideen sollen von allen Teilnehmern so schnell wie möglich in einer limitierten Zeit vorgebracht werden. Es macht viel

Spaß und es ist erstaunlich, wie viele Ideen auf Huckepack-Methode entwickelt werden können. Viele Verkäufer kennen diese Methode noch gar nicht.

Tips

- Kaufen Sie sich das Buch über Brainstorming von Clark, erschienen im Verlag Moderne Industrie, München
- Erarbeiten Sie sich einen Auszug

Erkennen den Wert einer Ideenkartei nicht

Eine Ideenkartei zu Hause ist Gold wert. Gerade der Verkäufer, der viel unterwegs ist, bekommt mannigfaltige Impulse und Ideen, die er in seiner Beratungstätigkeit weitergeben kann. Leider haben viele die Vorteile einer Ideenkartei nicht erkannt. Sie brauchen hierfür nur entsprechende Karten zu kaufen, sie in einen Karton hineinzulegen und diese periodisch durchstöbern, noch besser ist es, gleich ein alphabetisches Register mit anzulegen.

Tips

- Machen Sie sich noch heute eine Ideenkartei
- Notieren Sie alle Blitzideen und Anregungen, auch Zeitungsausschnitte können hier aufgehoben werden

---

Ideenverkauf

Vergessen, daß viele große Objekte nur durch kleine Ideen verkauft wurden

Die Erfolgsberichte von Starverkäufern zeigen immer wieder, daß sie Aufträge erstens durch Ausdauer und Stehvermögen errungen haben und zweitens, oft nach dem Durchdenken einer Idee, die dann ausschlaggebend für den Erfolg war.

Tips

- Setzen Sie sich ruhig hin und durchdenken Sie das Problem
- Ideen für Verkaufserfolge finden Sie im Taschenbuch »100 Tips für Verkäufer« erschienen im Verlag Moderne Industrie, München

Beachten nicht, daß man nicht nur die Ware, sondern auch die Idee der Verwendung mitverkauft

Bei Verkaufstrainingsseminaren habe ich immer wieder feststellen können, daß die Verkäufer bei den Übungen meistens nur die physikalischen Eigenschaften des Produktes verkauft haben. Sie verstanden es einfach nicht, Wünsche, Träume und Vorstellungen mitzuverkaufen. Der Kunde möchte sich aber doch ungern von seinem Geld trennen, und deshalb benötigt er einen kleinen Schubs bei seiner Entscheidungsbildung.

Tips

- Nicht nur die Ware, sondern auch die Idee der Ware verkaufen
- Üben Sie sich in Produktverwendungsbeschreibungen

Image

Vergessen oft, daß sie eine Firma vertreten

»Ach ja, die da oben haben ja keine Ahnung, wie hart wir hier draußen schuften müssen; wenn die nur die Situation im Markt kennen würden. Die glauben, wir haben den ganzen Tag gar nichts zu tun.« – Nein, lieber Freund, so nicht, Sie vergessen, daß Sie für den Kunden die Firma sind.

Tips

- Bauen Sie das Image Ihre Firma auf
- Vermeiden Sie negative Äußerungen über Ihre Firma, sie fallen nur auf Sie zurück

Erzählen zweideutige Witze, die zwar gern gehört werden, aber dem Image des Verkäufers schaden

Wer hat denn heute noch die Zeit, sich Witze mit aller Aufmerksamkeit anzuhören? Die wenigsten. Es ist ein Trugschluß, wenn Sie glauben, daß Sie den neuesten Witz unbedingt anbringen müssen. Es ist schon eher ein Witz, daß Sie heute noch Witze erzählen wollen! Gute Verkäufer vermeiden sie, verwenden aber dafür eine Prise Humor und Schlagfertigkeit ganz nach der jeweiligen Situation.

Tips

- Immer Vorsicht bei Witzen walten lassen
- Verwenden Sie lieber Humor

Vergessen, daß sich ein schlechtes Image schwer korrigieren läßt

Immer wieder muß betont werden, daß Glaubwürdigkeit und Vertrauen in der zwischenmenschlichen Beziehung von eminenter Bedeutung sind und bleiben werden. Wissen das alle Verkäufer?

Tip

- Ein schlechtes Image kann man nicht so schnell verbessern

Arbeiten mit der Einstellung »Nach mir die Sintflut«

»Was soll's, den Kunden sehe ich doch nicht wieder.« – Ja, ein Glück für den Kunden! – Früher bei Produktneueinführungen wurden die Außendienste wie Bienenschwärme übers Land verteilt. Die Parole hieß »Hineinverkauf«. Leider wurden oft Ladenhüter mit hineinverkauft. Vorsicht ist hier immer am Platze. Kein Kunde läßt sich gerne übers Ohr hauen.

Tips

- Verkaufen Sie die optimale Menge, damit Sie auch später dem Kunden willkommen sind
- Bevorteilen Sie Ihren Kunden nicht

Information

Schaffen sich nicht genügend Informationsquellen

So schnell sagt man »gewußt wie«. Nun, das bedeutet allerdings viel Arbeit bei der Beschaffung von Informationen. Allerdings verkauft es sich auch mit Zahlen, Statistiken, Erfahrungswerten und Tips bedeutend leichter. Schade, die meisten Verkäufer machen sich leider nicht diese Mühe.

Tips

- Schaffen Sie sich Informationsquellen, besonders wichtig in der Automobil- und Versicherungsbranche
- Notieren Sie diese in Ihrer Ideenkartei

Archivieren wichtige Tatsachen nicht

Es gibt den Spruch »Wer schreibt, der bleibt«. Und in der Tat ist es auch so. Wer sich nichts aufschreibt, muß oft wieder von neuem beginnen. Wer dagegen sofort schreibt, der hat die Sache bereits zu 50% erledigt.

Tips

- Notieren Sie sich Tatsachen, es macht sich bezahlt
- Fangen Sie noch heute damit an

Beachten nicht, daß mehr Wissen die Entscheidungsfähigkeit fördert

»Bringen Sie mir die Fakten«, donnert der Kunde los. Mit »jawohl« ist es nicht getan. Sie müssen sie auch wirklich liefern. Wo Geld eine große Rolle spielt, werden heute immer mehr Fakten und Entscheidungshilfen zu Rate gezogen. Verkäufer sollten dies bedenken.

Tips

- Fakten helfen beim Verkauf
- Sammeln und präsentieren Sie die Entscheidungshilfen

Erkennen nicht, daß Wissen schnell veraltet

»Der Rahm von gestern ist der Käse von morgen.« Dies bemerkte kürzlich ein Journalist. Die Zunahme des Wissens hat sich in den letzten Jahren ständig gesteigert. Aus diesem Grunde sollten die Verkäufer die Fachzeitschriften, auch die ihrer Kunden, ganz besonders aufmerksam lesen und studieren.

Tips

- Welche Fachzeitschriften lesen Sie für Ihren Bereich?
- Bestellen Sie schleunigst die wichtigsten – es macht sich bezahlt

Erwarten immer Hilfe von »Oben«

»Nein, das kann ich nicht entscheiden, da muß ich erst rückfragen« oder »da müssen Sie sich leider an unsere Zentrale wenden.« Diese und auch andere Aussprüche kennzeichnen den gleichgültigen Verkäufer. Ohne jeden Pfiff und ohne Eigeninitiative. Anstatt dem Kunden an Ort und Stelle behilflich zu sein, wälzen sie die Probleme immer von sich ab.

Tips

- Zeigen Sie mehr Eigeninitiative

- Greifen Sie zum Telefon und rufen Sie die Zentrale an Ort und Stelle an, und führen Sie eine Entscheidung für den Kunden herbei

Reagieren immer anstatt zu agieren

»Was wird wohl der Kunde heute wieder zu meckern haben?« Gedanken wie diese lassen den Defensiv-Verkäufer erkennen. Anstatt vorwärts zu marschieren, geht er zaghaft vor, immer in der Erwartung, daß etwas Unvorhergesehenes passieren könnte.

Tips

- Ergreifen Sie selbst die Initiative
- Machen Sie dem Kunden konkrete Vorschläge

Arbeiten im »alten Trott« weiter

Sie kennen doch das Bild mit dem Laubfrosch auf der Leiter im Glas. Der Frosch bewegt sich rauf und runter, ahnt aber nicht, was in seiner Umgebung geschieht. So handeln auch viele Verkäufer. Sie arbeiten wie Karrenpferde, immer im alten Trott weiter, ohne Veränderungen in ihrer Umwelt wahrzunehmen. Die Argumente sind gleich, die Entschuldigungen immer dieselben und zu Verbesserungsvorschlägen sagen sie nur, »so haben wir es ja schon immer gemacht«.

Tips

- Gewohnheit kann schädlich sein
- Durchdenken Sie Ihre Probleme mehr und beachten Sie die Veränderungen.

K

Kalkulation

Nur wirklich genaue Zahlen helfen dem Kunden

Berechtigt fragt der Kunde den Verkäufer: »Herr Meier, sagen Sie einmal, wie hoch ist die Verdienstspanne bei diesem Produkt?« »Das weiß ich nicht genau, ich glaube etwa 22%.« – Stellt diese Antwort den Kunden zufrieden? Der Kunde sollte sich nicht noch die Spanne errechnen müssen. Bei einem so großen Sortiment müßten Sie das schon im voraus tun. Greifen Sie zur Rechenscheibe und rechnen Sie es dem Kunden vor, dann gehören Sie nicht zu der Brigade der faulen Verkäufer.

Tips

- Frischen Sie Ihre Rechenkenntnisse auf
- Haben Sie immer einen Rechenschieber zur Hand, es lohnt sich

Haben leider kein genaues Rechenschema bei sich

Der Verkäufer sagt: »Einen Moment, ich rechne Ihnen das schnell aus.« Er beginnt zu rechnen und diese Gelegenheit benutzt der Kunde, um schnell einmal um die Ecke zu verschwinden. Leider kommt er aber nicht so schnell zurück und dies führt zu unnötig langen Wartezeiten. Der tüchtige Verkäufer nimmt sofort die entsprechende Tabelle zur Hand und hat dadurch den Kunden an Ort und Stelle gefesselt. Hier haben wir wieder einen Beweis dafür, wie wichtig die Vorbereitung ist.

Tips

- Erarbeiten Sie sich ein Rechenschema
- Viele dieser Rechenbeispiele liefern heute auch oft schon die Firmen

Eine schriftliche Ausarbeitung hilft dem Kunden am besten

Warum erarbeiten Sie sich nicht zu Hause eine spezielle Kalkulation für den Kunden, mit verschiedenen Angebotskarten, die Sie dann wahlweise dem Kunden vorlegen können? Noch nie daran gedacht? Wahrscheinlich nicht! Nun, wer erfolgreich sein will, muß immer ein klein bißchen mehr tun als andere, sagt Direktor Wolter.

Tips

- Notieren Sie diese Idee sofort und beginnen Sie schon bei der morgigen Tour die Angebotskarten einzusetzen und damit zu arbeiten
- Was Sie einmal erarbeitet haben, können Sie immer wieder verwenden

Wer nicht rechnen kann, sollte die Angst vor Zahlen durch Üben überwinden

Nicht jeder kann ein Rechengenie sein, das wird auch nicht erwartet. Die einfachsten Rechenarten sollte allerdings jeder Verkäufer beherrschen. Deshalb sollte er, falls es nötig ist, einen Kurs besuchen, um diese Rechenarten zu erlernen. Es kostet zwar etwas Überwindung, aber es macht einen im Verkauf viel sicherer und hilft ganz speziell in der Überzeugungsphase.

Tip

- Beginnen Sie schon heute, sich für solche Kurse zu interessieren. Besonders die Volkshochschulen bieten interessante, preiswerte und gute Kurse an

Kaufsignale

Besitzen kein Gespür für Kundeninteressen

Den Kunden sollte man dauernd im Blick haben. Jede Regung, Signale der Augen, Handbewegungen, Mienenspiel und Gestik sind wichtig für den Verkäufer auf dem Weg zum Auftrag. Interessieren Sie sich viel mehr für den Kunden, denn Sie müssen ja erkennen können, ob er Ihre Argumente im Geiste schon akzeptiert hat, wenn nicht, müssen Sie weiterverkaufen, wenn ja, müssen Sie zum Abschluß kommen.

Tip

- Psychologische Kenntnisse kann man sich vorwiegend durch Beobachtung erwerben. Interessieren Sie sich viel mehr für Ihre Kunden und Sie gewinnen

Erkennen die Lücke zum Durchbruch nicht

Der Verkäufer redet, redet und redet, und der Kunde schaut gelangweilt herum. Es sind manchmal nur kleine Bemerkungen des Kunden, die den klugen Verkäufer erkennen lassen, wo er den Schwerpunkt seiner Argumentation ansetzen muß. Beispielsweise die Frage, »haben Sie es in Rot?« dann antworten Sie am besten »ja, Sie möchten es in Rot haben?«

Tips

- Nehmen Sie die Fragen Ihrer Kunden ernst
- Erkennen Sie die Durchbruchzonen

Leiten den Abschluß zu spät ein

Manche Kunden fragen sich mitunter, ob der Artikel überhaupt käuflich ist. Der Verkäufer hat so viel geredet, daß der Kunde beinahe glauben muß, daß der Verkäufer den Artikel selber behalten wolle. Es mangelt eben bei vielen an Kenntnissen der Abschlußtechniken. Diese müssen gelernt und studiert werden und nur durch ständige Übung bleiben sie in Erinnerung. Eine Technik beispielsweise ist die Alternativ-Formulierung. Sie wird leider viel zuwenig angewandt.

Tips

- Präsentieren Sie Ihre wichtigsten Aussagen klar und prägnant kurz vor dem Abschluß
- Holen Sie Ihren Auftragsblock bei der Gesprächsführung schon früh aus der Tasche

Erkennen Kundenkaufsignale nicht

Professor Birdwistle, ein amerikanischer Forscher, war einer der ersten, die die Körpersprache in ihrer mannigfaltigen Weise studiert haben. Beispielsweise wenn ein Kunde sich entscheiden will, reibt er meistens sein Kinn. Ein Mann, wenn er sich entscheidet, zieht meistens seine Hose hoch. Beim Kauf eines Anzuges schaut der Mann vor einer endgültigen Entscheidung seine Frau mit einem Blick an. Diese und viele andere Kaufsignale sollten Verkäufer viel schneller wahrnehmen und entsprechend für ihre Verkaufsstrategie verwenden.

Tips

- Kaufen Sie sich das Buch mit dem Titel »Körpersprache« von Julius Fast, kürzlich erschienen im Rowohlt-Verlag
- Machen Sie das Beobachten von Kaufsignalen zu Ihrem Steckenpferd

Beachten zu wenig die Tatsache, daß ein Verkaufsgespräch nicht zweimal geführt werden kann

Stufe für Stufe wird die Argumentation aufgebaut, das Produkt demonstriert, Fragen gestellt und Alternativen angeboten, bevor es zum Abschluß kommt. Sie müssen schnell argumentieren und arbeiten, so daß es zwischendurch nicht zu einem Leerlauf kommt.

Komplimente

Sind nicht immer ehrlich bei Komplimenten

»Guten Tag, Herr Künder, Sie sehen ja blendend aus.« Kann ich nicht verstehen, denkt der Kunde, weil er seit 2 Wochen an einer Grippe leidet. Er nickt allerdings zustimmend mit dem Kopf, um eine weitere Diskussion auszuschalten. Oder »Sie haben aber einen schicken Schlips, gefällt mir sehr gut.« Da denkt der Gesprächspartner vielleicht, na, was will er denn heute von mir? Sind das immer auch ehrlich gemeinte Komplimente? Viele Menschen verfügen über ein gutes Gespür, was echte und was unechte Komplimente sind. Seien Sie deshalb immer auf der Hut, hier keine Fehler zu begehen.

Tips

- Seien Sie klug und machen Sie nur echte Komplimente
- Lassen Sie die Damen mit billigen Schmeicheleien in Ruhe. Sie haben sie gar nicht gern

Glauben, daß der Kunde leicht hereinfällt

Verkäufern kann man nicht glauben, so lautet die Meinung vieler. Deshalb hat der Verkäufer immer damit zu kämpfen, beim Kunden Vertrauen und Glaubwürdigkeit zu gewinnen. Seien Sie vorsichtig mit dem was Sie sagen. Kontrollieren Sie Ihre Gedanken, bevor Sie sprechen. Sagen Sie nur das, was Sie auch meinen. Seien Sie taktvoll, und glauben Sie nur nicht, daß der Kunde auf billige Redensarten hereinfällt.

Tips

- Ehrlichkeit macht sich immer bezahlt
- Nette Aussagen, die echt gemeint sind, kommen immer gut an

Scheuen die Mühe, nicht alltägliche Komplimente zu machen

Wer sich das Komplimentemachen näher betrachtet hat, ist zu folgendem Ergebnis gelangt: Menschen wollen nicht das hören, was sie selbst wissen, sie sind aber gerührt, wenn Sie ihnen Komplimente machen auf einem Gebiet z. B., wo sie sich relativ unsicher fühlen. Mit anderen Worten, ein spontanes Kompliment kommt immer an. Beispiel: Ein guter Pianist weiß sehr wahrscheinlich genau, daß er beim Spielen ankommt. Wenn Sie aber seine Intelligenz hervorheben, spielen Sie wahrscheinlich richtig.

Tips

- Indirekte Komplimente kommen meistens gut an
- Die besten Komplimente sind die, die Sie Dritten sagen, in der Hoffnung, daß diese Ihre Aussagen weitererzählen

---

Konditionen

Verschenken durch das Zugestehen weiterer Konditionen Geld

Es hängt bei vielen Verkäufern ein lustiges Bild. Ein Bettler steht mit ausgestreckten Armen und leeren Taschen als Unglücksfigur da. Überschrift: Er gab stets die höchsten Rabatte. Viele Verkäufer handeln nicht unternehmerisch genug und verschenken kostspielige Rabatte oder machen unnötige Zugeständnisse in der Hoffnung, den Auftrag an Land zu ziehen. Lieber Verkäufer, Ihr Gehalt wird von dem Gewinn bezahlt.

Tips

- Verkaufen Sie immer unternehmerisch – Geld kann jeder verschenken
- Bleiben Sie hart, der Kunde wird es respektieren

»Halten nichts in petto«

Der Kunde steht kurz vor dem Abschluß und hat sogar schon den Kugelschreiber zur Hand genommen. Seine abschließende Frage lautet: »Wenn Sie mir noch 1 % Nachlaß gewähren, werde ich diesen Auftrag unterschreiben.« Sie können es leider nicht mehr, denn Sie haben schon während des Gespräches Zugeständnisse gemacht und sind aufs Äußerste in der Rabattierung gegangen. Klugerweise hätten Sie lieber einen geringeren Prozentsatz inmitten des Gespräches anbieten sollen, so daß Sie noch ein oder zwei Prozent für den Abschluß in petto gehabt hätten. Ein gravierender Fehler vieler Verkäufer, weil die Kunden immer versuchen, zum Schluß noch etwas mehr herauszuholen.

Tips

- Halten Sie immer einen »Bonbon« in Reserve
- Verschießen Sie nicht bereits zu Beginn Ihr ganzes Pulver

Verlangen keine Gegenleistung für zugesagte Konditionen

Manche Verkäufer würden gleich die ganze Firma verschenken – wenn sie es könnten. Selbstverständlich versucht der Kunde das Äußerste aus Ihnen herauszuholen. Im Rahmen Ihrer Kompetenzen verfügen Sie auch über gewisse Handhabungen. Aber stellen Sie immer sicher, daß der Kunde für jedes Zugeständnis eine entsprechende Gegenleistung in irgendeiner Form bringt. Als Beispiel: Für bessere Konditionen sollte der Einzelhandelskaufmann eine bessere Positionierung der ausgestellten Ware zusichern.

Tips

- Verlangen Sie für Zusagen Ihrerseits auch Gegenleistungen
- Geben Sie nichts umsonst

Konkurrenz

Lassen sich durch die Konkurrenz nicht anspornen

Es gibt eine alte und bekannte Aussage: »Die Konkurrenz belebt das Geschäft.« Bei vielen Verkäufern anscheinend nicht. Wir Menschen benötigen alle von Zeit zu Zeit eine neue Herausforderung. Einen Ansporn. Früher glaubte ich auch nicht an diese Aussage. Aber zwischenzeitlich habe ich erkennen müssen, daß sie doch stimmt.

Tips

- Akzeptieren Sie die Konkurrenz als fruchtbaren Ansporn
- Machen Sie sie auch zu Ihrer Devise: »Konkurrenz belebt das Geschäft«

Glauben zu oft, daß der Kunde Recht hat, wenn er behauptet, daß die Konkurrenz billiger ist

Einkaufen und Verkaufen ist ein Pokerspiel. Beide ringen darum, einen Vorteil oder das günstigste Angebot zu bekommen. Einkäufer wissen, daß viele Verkäufer etliche Vergünstigungen noch in petto haben. Sie versuchen deswegen das Äußerste an Konditionen zu erhalten. Deshalb verwenden sie leichte Drohungen, wie z. B. »die Konkurrenz ist billiger«. Auch Sie werden auf Ihre Reaktionen geprüft. Schade, wenn Sie auf diese Tricks der Einkäufer hereinfallen.

Tips

- Lassen Sie sich nicht verschaukeln
- Verschenken Sie die Ware nicht. Seien Sie selbstbewußt und verhandeln Sie klug

---

Kontakt

Sprechen den Kunden falsch an

Dale Carnegie sagte: »Der Name eines Menschen ist für ihn das schönste Wort in seiner Sprache.« Wenn man darüber nachdenkt, stellt man fest, daß es stimmt. Wie erfreut ist man, wenn uns jemand auf der Straße plötzlich mit unserem Namen anspricht. Es klingt uns wie Musik. Viele Verkäufer machen den Fehler, daß sie gar nicht die Namen der Kunden erwähnen, auch im Verkaufsgespräch nicht. Der Kunde wird aber nie müde, seinen Namen während des Gespräches zu hören. Deshalb wiederholen Sie den Namen sooft wie möglich. Dies tun selbst eine Menge begabter Verkäufer leider nicht.

Tips

- Prägen Sie sich den Namen richtig ein
- Wiederholen Sie den Namen während des Gespräches sooft wie möglich. Es erhöht auch die Haftwirkung

Haben mangelnden Kontakt zum Personal des Kunden

Sagen die Einzelhandelskunden auch über Sie: »Da ist wieder der nette und freundliche Verkäufer?« Sie wissen es nicht, klarer Fall, aber Sie können alles tun, um so eine gute Beurteilung zu bekommen. Es lohnt sich »good will« im Geschäft beim Kunden zu schaffen. Es kostet etwas Mühe, selbstverständlich, aber auch Sie profitieren von der Freude der anderen. Es ist immer nett, wenn man irgendwo gern gesehen wird. Es liegt bei Ihnen!

Tips

- Vergessen Sie nicht, daß auch der kleinste Mann im Geschäft mit dazu beiträgt, Ihr Image zu prägen –
- Schaffen Sie sich überall good will

Bei zuviel Kontakt besteht die Gefahr, daß der Kunde nicht kauft

Eine höfliche Distanz hat sich immer bewährt. Vermeiden Sie die Schulterklopf-Freundschaft mit dem Kunden. Es erschwert den Verkauf. »Ach, weißt Du was Schorsch, bitte diesmal nichts, ich habe kein Geld.« Dieser Kontakt erlaubt dann Ihrerseits wenig Diskussion. Sie müssen als guter Freund Rücksicht auf die Aussage Ihres Freundes nehmen. Kontakt ist wichtig, aber er sollte seine Grenzen haben. Gute Verkäufer beherzigen dies auch.

Tips

- Lassen Sie den Kontakt nicht zu eng werden. Es birgt Gefahren
- Verhandlungen dürfen nicht zu emotionell geladen sein

Kontaktpflege

Vernachlässigen die Kontaktpflege

In der Versicherungsbranche hat sich erwiesen, daß die meisten neuen Verträge von bereits bestehenden Kunden abgeschlossen werden. Das heißt, daß der Verkäufer, der es versteht, alte Kunden nochmals zu besuchen, dadurch eventuell zu einem neuen Vertragsabschluß kommt. »Ach gut, daß Sie da sind; ich brauche noch die und die Versicherung.« Oder: »Gut, daß Sie da sind, mein Nachbar interessiert sich auch für Versicherungen und möchte beraten werden.« Aus diesem Grund sollten gute Verkäufer die Kontaktpflege nicht vernachlässigen. Nur, viele Verkäufer beachten diese wichtige Regel nicht.

Tips

- Machen Sie auch eine good-will-Aktion bei Ihren alten Kunden
- Ein gewonnener Kunde muß auch betreut werden

Vergessen, daß Kontaktpflege die Vorstufe zum Verkauf ist

»Ach der, der kümmert sich gar nicht mehr um uns, jetzt wo er seine Provision eingesteckt hat.« Ein potentieller Kunde, neu in einer Stadt, fragt vielleicht: »Können Sie mir bitte einen guten Verkäufer empfehlen?« »Oh ja, ich habe dort einen Bekannten, seine Adresse ist... und seine Telefon-Nr. ist... Er wird Sie sicherlich gut und gern beraten.«

Tips

- Eine Empfehlung lohnt sich immer
- Nicht nur was Sie machen ist wichtig, sondern was Kunden über Sie sagen

Sind überfreundlich

Die richtige Einstellung zur Arbeit und zum Beruf ist wichtig. Verkäufer sind keine Bettler, sondern Mittler zwischen Industrie und Handel, Industrie und Verbraucher. Sie bieten Produkte oder Dienstleistungen an, die dem Käufer helfen, Problemlösungen zu erhalten. Sie brauchen nicht unterwürfig, aber ebenfalls auch nicht überfreundlich zu sein, als Mittler zwischen beiden Polen. Leider wissen viele Verkäufer nicht, daß Überfreundlichkeit ihrem Image oft sehr schadet und den Kunden negativ stimmt.

Tips

- Wer überfreundlich ist, wirkt oft negativ
- Natürlichkeit und Höflichkeit machen sich bezahlt

Konzentration

Konzentrieren sich mangelhaft, während der Kunde redet

Es ist nicht immer leicht zuzuhören, während der Kunde spricht, denn aus Erfahrung weiß man meistens schon im voraus, worauf der Kunde hinaus will. Liebe Verkäufer, lassen Sie den Kunden unter allen Umständen ausreden. – Er wird es nicht verstehen, daß Sie ihm nicht konzentriert zuhören –. Er meint, daß er Ihnen etwas Weltbewegendes zu sagen hat! Mangelhafte Konzentration ist ein grober Fehler.

Tips

- Während der Kunde spricht, schauen Sie ihn an und nicken Sie zustimmend
- Ermutigen Sie den Kunden ruhig beim Sprechen. Sie gewinnen dadurch mehr Kontakt und Sympathie

Zersplittern sich in ihrer Arbeit

Was war das nur noch? Ich mußte doch noch etwas Wichtiges erledigen. Ach ja, ich muß noch Briefumschläge kaufen. Nein, das kann ich ja gar nicht, mein Wagen ist zur Reparatur. Wo fange ich bloß an? Ich habe noch so viel zu erledigen. Sie sind unkonzentriert, zersplittern sich, weil Sie sich nicht die Mühe gemacht haben, sich hinzusetzen und einen Gesamtplan zu entwickeln. Es lohnt sich aber. Also das nächste Mal!!

Tips

- Erstellen Sie sich einen Gesamttätigkeitsplan
- Dann erledigen Sie einen Punkt nach dem anderen. Schon bald werden Sie den Fortschritt bemerken

Vergessen, daß man nicht zwei Herren dienen kann

So geht es einfach nicht; einmal hier, einmal da. Sie können sich nicht zerreißen. Aber viele tun es täglich. Sie verfolgen zu viele verschiedene Ziele, ohne konzentriert auf eines hinzusteuern. Schaffen Sie klare Verhältnisse, z. B. wer Ihr Vorgesetzter ist, und lassen Sie sich auch klare Anweisungen und Zielsetzungen schriftlich geben. Nur wer weiß, was er zu tun hat, kann dies auch optimal ausführen.

Tips

- Besprechen Sie Ihre Problematik mit Ihrem direkten Vorgesetzten
- Legen Sie Ihre Ziele schriftlich nieder

Wissen nicht, daß Konzentration ein wichtiges Erfolgsgeheimnis ist

Ist es ein Problem unserer Zeit, daß der moderne Mensch sich immer weniger konzentrieren kann? Tagtäglich hört man von allen Leuten, denen man begegnet, den Satz: »Habe keine Zeit.« Man kann nicht nur dauernd arbeiten. Deshalb: Arbeiten Sie 1–2 Stunden hochgradig spezialisiert und konzentriert, und Sie merken, was Sie wegschaffen. Entspannen Sie sich danach kurz, und beginnen Sie dann erneut zu arbeiten. Konzentration aller Kräfte auf ein Ziel oder einen Punkt ist ein wichtiges Erfolgsgeheimnis.

Tips

- Nehmen Sie sich vor, künftig konzentrierter zu arbeiten
- Konzentration kann geübt und gelernt werden

Korrektheit

Halten die Termine nicht ein

Es ist sehr leicht, andere Menschen zu verärgern. Insbesondere bei Nichteinhaltung der festgelegten Termine. Man hat selbst noch

Wichtiges zu erledigen und wird durch einen Termin festgehalten und wartet vergebens. Zeit ist Geld, und Versprechungen sind Schulden. Viele Verkäufer halten es nicht einmal für nötig anzurufen, um eine Verspätung oder Absage mitzuteilen.

Tips

- Planen Sie zeitlich immer eine Pufferzone für eventuelle Pannen ein
- Überlegen Sie erst, bevor Sie einen Termin festlegen

Wickeln Aufträge nicht einwandfrei und korrekt ab

Verkaufen ist noch nicht alles. Erledigt ist der Auftrag erst, wenn der Kunde die Ware erhalten und pünktlich die Rechnung bezahlt hat. Erst dann ist es ein Geschäft. Viele Verkäufer meinen, sie wären nur da, um die Aufträge zu bringen. Denken, den Rest sollen die da »Oben« erledigen. So geht es nicht. Verfolgen Sie korrekt die Abwicklung des Auftrages, so daß Sie und Ihre Firma einen Ruf für exakte Auftragsausführungen bekommen.

Tips

- Auf eilige Aufträge klammern Sie bitte entsprechende Informationslettern an
- Geben Sie wichtige Aufträge telefonisch durch

Bleiben nicht immer bei der Wahrheit

»Lügen haben kurze Beine« ist ein bekanntes Sprichwort. »Glaubt er, daß ich so dumm bin, seine Unwahrheiten zu glauben?« Verkäufer sollten lernen, ihre Fehler zuzugeben, denn viele Fehler können korrigiert werden.

Tips

- Sagen Sie immer die Wahrheit. Es lohnt sich
- Es kostet schon Mut Unangenehmes zu sagen

Kunde

Belehren den Kunden, ohne es selbst zu bemerken

Sagen: »Nein, Herr Kunze, da haben Sie mich völlig falsch verstanden.« Oder: »Nein, nein, das sehen Sie wieder einmal nicht ganz richtig.« Oder: »An Ihrer Stelle würde ich es ganz anders machen.« Manche Menschen haben eine sehr belehrende Art an sich und stoßen dadurch leicht auf Opposition. Vielleicht wissen sie es nicht. Vielleicht hat niemand es ihnen gesagt. Oder doch? Achten Sie auf Ihre Formulierungen, vielleicht sind sie bissig, ironisch oder sogar verletzend.

Tips

- Befolgen Sie Ratschläge anderer
- Vermeiden Sie Überheblichkeit

Gehen nicht auf die Wünsche des Kunden ein

Sie können nicht nur nach einem starren Schema verkaufen. Sie müssen auch eine gewisse Flexibilität zeigen. Kleine Abänderungen und Kundenwünsche sollten Sie, wenn möglich, berücksichtigen. Die Formulierung »es geht nicht« führt nicht gerade zu Aufträgen. Mit ein wenig mehr Mühe hätten Sie es vielleicht geschafft.

Tips

- Scheuen Sie keine Mühe, um Ihren Kunden zu helfen
- Seien Sie flexibel in Ihrem Denken und Handeln

Respektieren nicht die Tatsache, daß der Kunde ein Partner ist

Es hieß immer: »Der Kunde ist König«. Und das stimmte auch. Allerdings zeichnet sich eigentlich heute der Trend dahingehend ab, daß wir mit unserem Kunden viel mehr im partnerschaftlichen Verhältnis stehen sollten. Zeigen Sie Ihren Kunden Respekt, Entgegenkommen und Bereitschaft zur Partnerschaft.

Tip

- Achten Sie den Kunden. Lassen Sie ihn wissen, daß Sie gerne mit ihm Geschäfte machen

Zu wenig Kundenberatung

Liegt nicht bei näherer Betrachtung das Kernübel vieler Verkäufer hier? Die Umsatzreserven liegen heute fast ausschließlich in der Kundenberatung. Sie ist der Schlüssel zu neuen Aufträgen. Kundenberatung ist eine Investition, die sich immer lohnt, besonders im Hinblick auf die zukünftigen Aufträge.

Tips

- Achten Sie mehr auf Kundenberatung und haben Sie nicht immer nur den sofortigen Erfolg im Auge
- Kundenberatung verhilft Ihnen zu einem besseren Kontakt und zu größeren Aufträgen

---

Kundenbesuche

Besuchen zu wenig Kunden pro Tag

Es ist eine bekannte Tatsache, daß der, der mehr verkaufen will, auch mehr Kunden pro Tag besuchen muß. Liegt hier nicht der Schlüssel zum Erfolg? Durch die großen Gebiete, zunehmende Verkehrsdichte, wenig Zeit für Terminabsprachen und sonstige Probleme wird es immer schwieriger, den Kunden zu erreichen und zu sprechen. Wenn man die echte Verkaufszeit, wo sich Kunde und Verkäufer gegenübersitzen und verhandeln, am Tage zusammenzählt, dann kommen dabei oft nur wenige Stunden heraus. Die andere Zeit wird hauptsächlich für das Hin- und Herfahren, Vorbereitung usw. verwandt. Außerdem beginnen viele Verkäufer ihre Arbeit zu spät aber beenden sie zu früh.

Tips

- Erhöhen Sie Ihre Kundenbesuchszahl und Sie werden zwangsläufig mehr verkaufen
- Versuchen Sie in erster Linie Ihre Touren rationell und ökonomisch zu fahren und Sie gewinnen Zeit

Besuchen Kunden zu unregelmäßig

Tüchtige Verkäufer haben einen genauen Besuchsplan erstellt, nach dem sich der Kunde richten kann. »Ja, der Vertreter kommt immer Dienstagnachmittag gegen 15.00 Uhr.« Der Besuchsplan hat große Vorteile, weil der Kunde sich schon frühzeitig auf Ihr Kommen und das Gespräch konzentrieren kann. Ihre Verkaufsarbeit funktioniert dadurch wesentlich besser. Die Vorteile dieses Systems haben die untüchtigen Verkäufer nur leider noch nicht erkannt.

Tips

- Erarbeiten Sie sich einen genauen Tourenplan
- Lassen Sie den Kunden wissen, daß Sie ihn zuverlässig und regelmäßig besuchen

Besuchen zu ungünstigen Zeiten

Die Engländer sagen mit Recht: »Timing is important«. Zugegeben, es ist schon schwierig zu wissen, wann die richtige Zeit wirklich ist. Bei vielen Kunden ist es zwar immer die falsche Zeit, aber trotzdem kann man sehr oft durch kluge Zeiteinteilung und vor allem durch Beachtung der Kundengewohnheiten herausfinden, wann dort die besten Chancen für einen Besuch existieren.

Tips

- Geben Sie sich etwas mehr Mühe, und Sie werden sehen, daß es klappt

- Tragen Sie auf jede Kundenkarte die günstigste Besuchszeit ein. Versuchen Sie auch die Ortsnähe der einzelnen Kunden mit in Betracht bei der Tourenplanung zu ziehen. Fragen Sie den Kunden ruhig, wann es ihm am besten paßt. Heutzutage wird die Bezeichnung »Kundengewichtung« mehr und mehr geläufig. Sie bedeutet, daß die Kunden nach Abnehmergruppen eingeteilt werden. Nach ihrer Geschäftsbedeutung und Umsatz, d. h. A-B-C-D- und E-Kunden. Die wichtigsten Kunden bedürfen einer weit besseren Besuchsfrequenz und Betreuung. Dort liegen die Geschäfte. Wogegen die kleineren Geschäfte für einen Besuch in der Relation zu der Absatzmenge immer unwichtiger werden. Haben Sie schon einen Besuchsschlüssel? Konzentrieren Sie Ihre zeitlich limitierte Energie auf die größten Kunden.

Kennen die Kundengewohnheiten nicht genügend

»Ach schade, daß Sie heute nachmittag da sind. Mein Mann fährt mittwochs immer nach Iserlohn. Sie waren doch auch neulich erst da, nicht wahr?« Oder: »Es tut mir leid, wir schließen jetzt, denn wir haben dafür das Geschäft über Mittag geöffnet.« Leider muß man feststellen, daß man Zeit, Geld und Kilometer vergeudet hat. Es wäre besser gewesen, kurz vorher einen Anruf zu tätigen, um herauszufinden, ob es sich auch lohnt, jetzt zu kommen. Die Vorinformationen sind sehr wichtig, denn wir müssen soviel wie möglich über den Kunden wissen und auch seine persönlichen Gewohnheiten kennen.

Tips

- Machen Sie sich sofort nach Verlassen des Kunden Notizen über Beobachtungen in Ihrer Kartei
- Rufen Sie lieber vorher an, um herauszufinden, ob der Kunde auch zur Verfügung steht

Kundendienst

Achten nicht genügend auf Kundendienst

Die Erfolge vieler Weltunternehmen beruhen auf ihrem vorzüglichen Kundendienst und den guten Serviceleistungen. Ich denke beispielsweise an die VW-Organisation, die in aller Welt für ihren zuverlässigen Kundendienst bekannt ist. So gibt es noch viele andere Firmenbeispiele. Wenn der Kunde eine teure Ware kauft, möchte er auch die Gewähr haben, daß die Maschine oder der Gegenstand wieder schnellstens funktionsfähig gemacht werden kann durch den Kundendienst. Durch einen guten zuverlässigen Kundendienst können Sie sich auch gegenüber Ihrer Konkurrenz wettbewerbsfähiger zeigen. Betreiben Sie Kundendienst, und der Kunde dient Ihnen in manch anderer Beziehung.

Tips

- Vernachlässigen Sie den Kundendienst nicht
- Machen Sie Ihrer Firma Vorschläge, wie der Kundendienst noch erweitert werden könnte

Erledigen die kleinen Sonderwünsche des Kunden ungern oder gar nicht

Wir leben in einer Leistungsgesellschaft und jeder einzelne wird nach seiner Leistung beurteilt. Bestimmt können Sie für den Kunden im Einzelhandel noch irgendwo eine Tragetasche ergattern, oder vielleicht benötigt er einen kleinen Karton. Machen Sie sich die Mühe und gehen Sie zum Lager und holen Sie ihn. Diese kleine Dienstleistung macht sich immer bezahlt. Kunden behalten Ihre Bemühungen in Erinnerung und belohnen sie später durch Wiederkommen.

Tips

- Seien Sie dienstbewußt

- Erledigen Sie kleine Sonderwünsche. Die kosten weder viel Geld noch Zeit

---

Kundenkartei

Machen nur ungenügende Vermerke in der Kartei

Was für den Arzt das Stethoskop, das ist für den Verkäufer die Karteikarte. Wenn Sie Ihre Karteikarten verlieren würden, wären Sie nicht mehr in der Lage, verkaufen zu können. Sie ist das wichtigste Werkzeug für Sie. Meine langjährige Zusammenarbeit mit Verkäufern im Außendienst und im Einzelhandel hat mir gezeigt, daß diejenigen, die sich die meiste Mühe bei der Karteiführung machen, auch zwangsläufig zu den guten Verkäufern auf lange Sicht gehören. Warum vernachlässigen Sie Ihre Kartei? Ihr wichtigstes Hilfsmittel!

Tips

- Sie können zuwenig, aber niemals zuviel notieren
- Nützen Sie Ihre Kartei als Registriermittel

Machen fehlerhafte Eintragungen in der Kartei

Wenn Sie Umsätze in der Karteikarte anführen, dann müssen diese Zahlen auch stimmen. Ein Raten ergibt bei dem Kunden nur eine unnötig lange Diskussion, die gar nichts einbringt. Ein klein wenig mehr Sorgfalt ist immer am Platze und bringt Ihnen Erfolg.

Tips

- Verwenden Sie Ihre Mittagszeit für Ihre Karteieintragungen
- Seien Sie sorgfältig

Tragen nicht regelmäßig ein

»Ach, das mache ich am Wochenende«, sagt so manch einer und kommt dann aber auch nicht zu dieser Routinearbeit. Im übrigen vergißt man ja auch viele Fakten und Tatsachen, wenn man diese Arbeit nicht sofort erledigt. Zeit hat man nicht, die muß man sich einfach sofort nehmen.

Tips

- Machen Sie regelmäßig Ihre Eintragungen
- Diese Arbeit macht sich bezahlt

Ziehen keine Schlüsse oder Erkenntnisse daraus

In allen Bereichen des Handwerks muß man die Materie verstehen. Der Röntgenarzt sieht und erkennt an der Aufnahme bestimmte körperliche Veränderungen im Gewebe und kann daraufhin eine Diagnose erstellen. Ein gutgeschulter Verkäufer, der seine Produkte und Umsatzrelationen kennt, sollte ebenfalls auf einen Blick Tendenzen und Entwicklungen seines Kunden kurz- und langfristig erkennen.

Tips

- Ziehen Sie die richtigen Schlüsse, um somit kundengerecht anbieten zu können
- Verwenden Sie die Daten Ihrer Karteikarte für die optimale Kundenberatung

Behandeln die Kartei nicht ordentlich

Moment mal, die Karteikarte hatte ich doch erst eben. In meiner Tasche ist sie nicht, ach ja hier unter dem Sitz liegt sie. Die fallen ja immer so leicht herunter. Dabei wäre es so einfach, wenn Sie einen Plastikkarton mit alphabetischem Register für Ihre Kartei verwenden würden. Sie könnten sie im Wagen neben sich zwischen die beiden Sitze stellen und bei Bedarf die entsprechende Karte herausholen.

Tips

- Ordnung, Vorausplanung und richtige Hilfsmittel helfen dem Verkäufer enorm
- Erleichtern Sie Ihre Arbeit durch die kleine Mühe vorher, die sich nachher bezahlt macht

---

Kundenpersonal

Beachten die Mitbeeinflusser des Auftrages zuwenig

Der Mann, der an der Hobelbank arbeitet und ein bestimmtes Fabrikat kennengelernt hat, wird bei einem Firmenwechsel sicherlich seine alte Marke wieder bekommen wollen. Die Einkäufer können gar nicht immer nur durch Preisvergleiche bestimmen, welches Fabrikat fürs Unternehmen das geeignetste ist. Deshalb werden Einkaufsentscheidungen auch unten gefällt. Empfehlungen werden nach oben weitergeleitet. Kluge Verkäufer wissen, woher diese Empfehlungen kommen und versuchen, die »Mitbeeinflusser« auch zu gewinnen.

Tips

- Bearbeiten Sie auch direkt den Verwender Ihres Artikels
- Sprechen Sie mit so vielen wie möglich über die Vorteile Ihres Produktes

Vergessen, daß der Mann am Regal oft den Einzelhandelsauftrag bestimmt

Bekannt ist heute im SB-Bereich, daß Ware, die nicht gesehen wird, auch nicht gekauft wird. Es geht doch heute darum, für sein Produkt den besten, günstigsten und augenfälligsten Platz im Regal zu gewinnen. Viele Industriefirmen bemühen sich und kämpfen um diesen Platz im Regal. Eine große und entscheidende Rolle spielt dabei der Mann oder die Dame am Regal. Auch diese Mitarbeiter des Kunden müssen beeinflußt werden.

Tips

- Kleine Geschenke erhalten die Freundschaft
- Führen Sie ein Beratungsgespräch mit diesen Menschen, und machen Sie sie auch mit Ihren Produkten vertraut

Wissen nicht, daß die Sekretärin oft wichtiger ist, als man denkt

»Ja, bitte schön, mit wem wollen Sie sprechen?« sagt die Dame hinter der Theke schnippisch und kurz. »Ich wollte den Chef sprechen, es handelt sich um eine wichtige Angelegenheit.« »Um welche Angelegenheit, wenn ich fragen darf?« »Das kann ich nicht so schnell erklären, das muß ich dem Chef persönlich vortragen.« »Der Chef ist heute nicht da, kommen Sie bitte nächste Woche noch einmal vorbei.« Diese und ähnliche Gespräche finden jeden Tag statt. Die Sekretärin oder Empfangsdame sitzt in einer Schlüsselposition, und Ihr erstes Verkaufsgespräch sollte dahin gehen, daß Sie diese Dame für sich einnehmen. Tun Sie das? Wenn ja, auch immer mit dem größten Geschick?

Tips

- Üben und erproben Sie Eröffnungssätze für die Empfangsdamen
- Seien Sie nett, höflich und charmant, und lassen Sie die Dame wissen, daß Sie sie ernst nehmen

Verteilen nicht genügend Aufmerksamkeiten und Geschenke

Wer mag nicht Überraschungen? Wer eilt nicht zum Briefkasten in der Hoffnung, nette Post, Briefe oder Pakete zu empfangen? Kleine Aufmerksamkeiten und Geschenke erhellen uns den Tag und bringen den Spender in positive Erinnerung. Es sind oft die kleinen Dinge, die das Leben lebenswert machen.

Tips

- Haben Sie immer, wenn nötig, kleine Gaggeschenke zum Verteilen bereit
- Zeitungsausschnitte, kleine Präsente usw., sind wichtige Hilfsmittel im Verkauf

---

Kundenprobleme

Zeigen wenig Verständnis und Sympathie

Wissenschaftliche Untersuchungen besagen, daß Verkäufer zwei Haupteigenschaften besitzen sollten, nämlich Empathy und Ego-Drive. Also Kundenempfinden und eine gewisse Dynamik sind unbedingt notwendig. Sie müssen sozusagen in die Schuhe des Kunden schlüpfen können, um auch seine Probleme zu erkennen und zu verstehen. Manche zeigen viel zuwenig Verständnis und Sympathie und gewinnen dadurch wenig ›Zuhörfähigkeit‹ seitens des Kunden. Zeigen Sie Interesse, aber wissen Sie auch selbst genau, wo Ihre Grenzen des Geständnisses enden müssen.

Tip

- »See the other man's point of view« sagen die Engländer

Lassen es an Beobachtungsgabe und Intuition fehlen

Sie kommen hereingeschneit in dem Moment, wo der Geschäftsführer gerade dabei ist, das Personal zu rügen. Es ist ihm natürlich sehr peinlich, gerade weil Sie da stehen und gar nichts sagen. Ein Mann mit Taktgefühl und Intuition würde dann ganz kurz sagen: »Entschuldigen Sie bitte, ich komme in 10 Minuten wieder vorbei.« Sie hätten dann situationsgerecht gehandelt, und der Erfolg würde nicht ausbleiben. Manche Verkäufer treten aber leider immer ins Fettnäpfchen und zeigen keinerlei Anzeichen von Takt.

Tips

- Verwenden Sie Ihre Beobachtungsgabe dazu, um situativ richtig zu handeln
- Entwickeln Sie Taktgefühl und Klugheit bei der Verhandlung

Bemühen sich zu wenig, Lösungsmöglichkeiten anzubieten

Es gibt den schönen Spruch: »Sehen vor lauter Bäumen den Wald nicht«. So geht es oft unseren Kunden. Sie stecken zu sehr in ihren Problemen drin, um überhaupt Lösungsmöglichkeiten zu sehen oder zu erahnen. Ein Verkäufer, der viel herumkommt, gewinnt viele neue Ideen und Erfahungswerte. Gute Verkäufer geben diese Tips und Hinweise an den Kunden weiter. Wie verhalten Sie sich?

Tips

- Es lohnt sich, Lösungsmöglichkeiten anzubieten
- Denken Sie nach, wie Sie ein Kundenproblem an Ort und Stelle lösen können

---

Kundenservice

Hinterlassen keine Adresse oder Telefonnummer

Die Ware ist ausgegangen, wo können wir den Vertreter erreichen? »Schauen Sie einmal nach, ob wir eine Visitenkarte von ihm haben?« »Moment mal, ja, hier ist eine mit seiner Telefonnummer.« »Gut, dann rufen Sie ihn bitte sofort an, damit er morgen früh evtl. schon liefern kann.« Die Druckkosten der Visitenkarten haben sich allein schon mit diesem Auftrag bezahlt gemacht.

Tip

- Wann bestellen Sie Ihre Visitenkarten? (Einige pharm. Firmen drucken Visitenkarten auf Holzpapier, um dadurch eine größere Aufmerksamkeit zu gewinnen)

Wissen nicht, wie wichtig moralische Unterstützung sein kann

Der Kunde macht gerade eine schlechte Zeit durch. Die allgemeine Nachfrage ist sinkend, seine Stammkunden befinden sich im Ausland usw. Hier leistet der Verkäufer gute Dienste, der es versteht, seine Kunden dann moralisch aufzurüsten.

Tips

- Empfehlen Sie Kunden das Buch: »Sorge dich nicht, lebe« von Dale Carnegie.
- Ebenfalls das Buch »Positives Denken« von Dr. Vincent Peale

Unterlassen eine wichtige Gratulation

Weihnachten treffen die Weihnachtskarten von überall ein. Aber bei einer Geschäftseröffnung denken nur wenige an einen Blumentopf oder daran, ihre Hilfestellung bei der Einräumung der Ware anzubieten. Oder ein Geschäft feiert Jubiläum. Der Kunde registriert genau, wer daran gedacht hat, ihn zu beglückwünschen. Deshalb sind gute Verkäufer umsichtig und notieren sich solche wichtigen Termine sofort.

Tips

- Führen Sie eine kleine Kartei, nach Monaten eingeteilt
- Hören Sie genau zu, welche Tips und Hinweise Sie vom Personal bekommen

Vergessen den Blumenstrauß bei wichtigen Anlässen

Es ist heute, wo wir fast alles schon besitzen, oft schwierig zu wissen, was man schenken soll. Der Blumenstrauß ist aber, glaube ich, immer angebracht. Zudem ist es heute so leicht, eine Zusendung über Fleurop zu veranlassen. Eine Karte dabei und die Angelegenheit ist erledigt. Nutzen Sie viel öfter die Vorteile des Blumenschenkens. Gute Verkäufer wissen, daß Blumen sich schnell bezahlt machen.

Tips

- Nehmen Sie Kontakt auf mit einem Blumenhändler, der Sie dann kennt
- Sie können dann später alles telefonisch veranlassen.

L

Lebenseinstellung

Besitzen eine negative innere Einstellung zum Kunden

Wo Menschen zusammen kommen, gibt es durch die unterschiedlichen Typen schnell Schwierigkeiten. Selbstverständlich werden Sie als Verkäufer auch nicht allen Kunden sympathisch sein. Dies nennen die Engländer »Personality Clash«. Eine Konfrontation zweierlei Menschen. Als Verkäufer müssen Sie versuchen, Ihre Vorlieben und Abneigungen nicht in den Vordergrund zu stellen.

Tips

- Versuchen Sie, Ihren Kunden zu mögen
- Bemühen Sie sich, negative Gefühle zu verbergen

Differenzieren sich nicht genügend von anderen Verkäufern

Hiermit haben wir einen sehr wesentlichen Punkt erreicht – seien Sie nicht nur der »Vertreter«. Viele Verkäufer bemühen sich nicht genügend, sich von anderen zu unterscheiden. Aber nur durch das Anderssein bleiben Sie dem Kunden besser in Erinnerung.

Tips

- Durch Serviceleistungen können Sie sich schon differenzieren
- Ein Dialekt oder Humpeln z.B. kann sehr oft als Erinnerungshilfe dienen

Glauben, daß man woanders besser verdienen kann, ohne allerdings mehr arbeiten zu müssen

Viele Verkäufer geben gerne an und erzählen beim Bier, wieviel

Geld sie bei ihrer Firma verdienen. Leider zeigen sie ihren Verdienstzettel nicht schwarz auf weiß, so daß oft etwas dazugedichtet wird. Glauben Sie nicht so schnell, daß woanders besser zu verdienen ist und günstigere Arbeitsbedingungen herrschen. Es ist meistens nur Prahlerei des Verkäufers und entbehrt jeder Grundlage.

Tips

- Arbeiten Sie bei Ihrer jetzigen Firma lieber intensiver. Die Bemühungen werden sich bezahlt machen
- Gehen Sie Ihren Weg, und Sie werden siegen

Lebensweise

Fehlt die positive Lebenseinstellung

William James, der berühmte amerikanische Psychologe, sagte: »Der Mensch ist das, was er denkt.« Verkäufer dürfen nicht zum Pessimismus neigen, sondern müssen positiv eingestellt sein, denn sonst können sie andere Menschen nicht überzeugen. Sie müssen selbst begeistert sein und andere Menschen mitreißen können. »Handle begeistert, und du wirst begeistert sein«, sagt Frank Bettger.

Tips

- Es gibt genügend und gute Lebenshilfe-Bücher
- Lassen Sie sich im Buchhandel beraten

Fehlt der Glaube an den Erfolg

In unserem Leben wird es immer rauf und runter gehen. Auch Umsätze und Geschäftserfolge sind gewissen Schwankungen ausgesetzt. Leider haben viele Verkäufer wenig Glauben an den eigenen Erfolg.

Tip

- Motivieren Sie sich selbst und glauben Sie an ihr eigenes Können und Ihren Erfolg

Sind infolge einer durchzechten Nacht übermüdet

»Herr Ober, noch eine Runde bitte mit einem Kleinen vorweg.« »Nein, nein, jetzt muß ich eine Runde spendieren«. Und so geht es Stunde für Stunde, der Abend wird länger und immer länger. Man kommt spät ins Bett und ist beim Klingeln des Weckers noch todmüde. Schleppt sich schlechtgelaunt zum Badezimmer und sieht dem neuen Tag mit Grauen entgegen. So ein Tagesbeginn darf natürlich schon einmal vorkommen, aber es sollten Ausnahmen bleiben. Über Feste sollte der kluge Verkäufer nie sein Umsatzziel vergessen.

Tip

- Machen Sie mit, aber verlassen Sie die Feier rechtzeitig. Es bringt auch nichts ein, damit zu prahlen, wieviel man trinken kann

Sind mitunter faul, träge und ziellos

Das sind die großen Fehler eines Verkäufers grob zusammengefaßt. Diese drei Eigenschaften kennzeichnen den Mißerfolg eines Verkäufers. In keinem anderen Beruf wird mehr harte Arbeit verlangt als bei dem des Verkäufers. Er muß sich immer wieder neu aufraffen, und nur wer bereit ist diese Strapazen auch durchzustehen, wird erfolgreich sein.

Tips

- Harte Arbeit bringt den Erfolg

- Die Früchte Ihrer Arbeit machen sich aber bezahlt, weil Verkäufer meist überdurchschnittlich verdienen können

Vergessen, daß Erfolg »versuchen« und immer wieder »versuchen« bedeutet

Meine Verkäuferpraxis lehrte mich, daß man so lange zum Kunden gehen muß, bis man ihn gewonnen hat. Eines Tages gewinnen und siegen Sie, denn Erfolg bringt Erfolg.

Tips

- Entwickeln Sie Durchstehvermögen
- Jeder Kunde ist für Sie eine Goldmine

Unterlassen zu oft den weiteren Besuch

»Zehnmal war ich schon bei dem Kunden, und immer wieder vertröstet er mich, es lohnt sich doch nicht, und woher soll ich all die Zeit nehmen?« Lieber Verkäufer, machen Sie weiter, der Kunde ist wichtig genug, um besucht zu werden. Sprechen Sie im Hause auch andere Beeinflusser an, um dadurch vielleicht schneller ans Ziel zu gelangen.

Tips

- Bleiben Sie mit dem Kunden trotzdem telefonisch in Verbindung, auch ein Schreiben kann oft Wunder wirken
- Der große Sieg kommt zu dem, der Ausdauer besitzt

Fragen nicht nach einem Auftrag, wenn der Kunde nicht kauft

Sie sind mit Ihrem Verkaufsgespräch am Ende. Der Kunde steht stumm da, es herrscht Totenstille. Sehr oft sagt er dann: »Ich komme gleich wieder, ich will es mir noch kurz überlegen.« Der untüchtige Verkäufer läßt den Kunden tatsächlich gehen. In solchen Fällen sollte man unbedingt versuchen, den Kunden mit passenden Formulierungen am Gehen zu hindern und aufzuhalten.

Tips

- Entwickeln Sie Formulierungen für solche Fälle
- Beispiel: »Bitte sehr, ich warte gerne bis Sie sich entschieden haben.«

Loyalität

Machen negative Äußerungen über die Firma oder den Kollegen

Sie sitzen doch alle in einem Boot. Sie sind doch ein Teil der Firma. Kunden haben meistens wenig Verständnis für die negativen Reaktionen mancher Verkäufer. Unterstützen und verteidigen Sie Ihre Firma und Sie gewinnen den Respekt Ihrer Kunden. Leider tun dies viele Verkäufer nicht.

Tips

- Vermeiden Sie alle negativen Äußerungen über Ihre Firma
- Melden Sie der Firma negative Stimmungen draußen, so daß Ihre Firma entsprechend reagieren kann

Meckern nur, ohne zu einer Verbesserung beizutragen

Am Biertisch halten sie gewaltige Reden und äußern, daß sie denen »da oben« Bescheid geben werden. Es hat wenig Zweck unter Kollegen zu meckern, ohne Ideen zu entwickeln, wie man eine Situation oder den Umstand verbessern kann. Solche negativ eingestellten Personen werden auch in Ihrem Kollegenkreis nicht gern akzeptiert.

Tips

- Helfen Sie, die Situation zu verbessern
- Entwickeln Sie positive Vorschläge für Ihr Unternehmen

Unterstützen ihren Chef nicht

Ihr Chef sollte für Sie Freund und Helfer sein. Es gibt nichts Schlimmeres, als wenn der Kontakt zwischen beiden gestört ist. Wenn Ihr Chef Sie aus Überlastungsgründen nicht regelmäßig besucht oder kontaktiert, ist es klug und vernünftig, selbst die Initiative zu ergreifen. Gute Verkäufer gewinnen ihrerseits Kontakt mit dem Chef, schlechte nicht.

Tips

- Ergreifen Sie die Initiative für ein Gespräch
- Bleiben Sie auch telefonisch in Verbindung und berichten Sie Ihrem Vorgesetzten ab und zu
- Kennen Sie schon »Tips für die Redekunst«? – Verlag moderne industrie

M

Manieren

Haben schlechte Manieren

Da sitzen Sie mit dem Kunden am Mittagstisch, halb über ihren Teller gebeugt und halten Messer und Gabel wie Werkzeuge. Sie sprechen mit vollem Munde und machen allgemein einen schlechten Eindruck. Viele Verkäufer sollten viel mehr auf ihre Manieren achten, denn auch gute Manieren gehören zum Erfolg.

Tips

- Reißen Sie sich zusammen
- Manche Freundschaft und mancher Kunde wird leider durch schlechte Manieren verloren. Ihre Frau hat Ihnen sicher schon oft Ihre schlechten Manieren vorgehalten

Kennen die wichtigsten Knigge-Regeln nicht

Tagtäglich verstoßen Reisende und Verkäufer gegen die Knigge-Regeln, die doch so wichtig im täglichen Umgang mit Menschen sind. Der schlechte Verkäufer denkt nur, was kümmert es mich.

Tips

- Im Verlag Moderne Industrie in München ist ein Leitfaden »Knigge-Regeln für Verkäufer« erschienen. Bestellen Sie sich diese Broschüre, sie wird Ihnen manchen interessanten Hinweis geben
- Kaufen Sie sich ein gutes Buch über Etikette

Mißachten die wichtigsten Verhaltensregeln

Unser Leben wird glücklicherweise von Verhaltensregeln reguliert. Diese müssen wir kennen und beachten, sonst gibt es ein menschliches Chaos. Grundsätzlich sollte man immer versuchen, die Situation aus der Sicht des anderen zu sehen.

Tips

- Seien Sie ein guter Beobachter
- Lernen Sie vom älteren Kollegen

Haben vor sich selbst und auch vor der Familie keine Achtung

Die Familie ist aber das Fundament und die Basis unseres Lebens. Seien Sie auch zu Hause zu Ihren nächsten Angehörigen höflich, nett und hilfsbereit, denn Sie brauchen diese Quelle, um den täglichen Kampf zu meistern.

Tips

- Auch hier erhalten kleine Geschenke die Freundschaft
- Bemühen Sie sich immer, auch kleine Hilfestellungen zu geben

---

Marktsituation

Besitzen wenig Marktkenntnisse

Wir leben in einer Welt des ständigen Wechsels, ganz besonders im Wirtschaftsbereich. Die Kaufmotive, Geldhandhabung, Zinsgestaltung, politische Eingriffe und manches mehr bestimmen heute weitgehend den Verkaufsprozeß. Viele kümmern sich viel zuwenig um die Tagesgeschehnisse und können sich deshalb schlecht mit dem Kunden unterhalten.

Tips

- Studieren Sie regelmäßig die Tagespresse
- Analysieren Sie die neuesten Wirtschaftszahlen, insbesondere in Ihrem Bereich.

Lassen es an Beobachtung fehlen

Mehr und mehr werden wir heute gezwungen, Zukunftstrends zu beobachten. Wir müssen quasi schon vorausahnen, wie die wirtschaftliche Situation in einigen Monaten aussehen wird. Darauf basiert oft unsere Argumentation. Viele Verkäufer unterhalten sich nicht genügend mit Fachleuten über Wirtschaftsgegebenheiten.

Tips

- Fordern Sie Bankberichte an
- Halten Sie sich eine gute Wirtschaftszeitung

Erkennen Konkurrenzaktivitäten nicht

Nicht nur, was Sie tun ist wichtig, sondern auch das, was die Konkurrenz tut. Beobachten Sie genau, welche neuen Produkte eingeführt werden, die Vorgehensweise im Markt, studieren und analysieren Sie die Werbeanstrengungen der Mitbewerber. Vorauswissen ist Macht!

Tips

- Es lohnt sich, die Konkurrenz zu beobachten
- Ermitteln Sie genügend Informationsquellen

Informieren sich nicht durch die Fachpresse

Kluge Absatzmittler abonnieren ein oder zwei gute Fachzeitschriften, so daß sie ständig über Neuentwicklungen auf ihrem Gebiet informiert sind. Es genügt nicht, nur zum Frühstück die Bildzeitung zu lesen.

Tips

- Erkundigen Sie sich, welche Fachzeitschriften für Ihre Branche wichtig sind
- Schreiben Sie die Verlagshäuser wegen Prospektexemplaren an

---

Menschenkenntnis

Besitzen mangelhafte Menschenkenntnis

Leider muß ich in Seminaren immer wieder feststellen, daß doch recht viele Verkäufer das Buch von Dale Carnegie »Wie man Freunde gewinnt« nicht besitzen und auch nicht gelesen haben. Dieses Buch hat in Amerika und überhaupt auf der Welt eine sehr hohe Auflage und gehört seit Jahren zu den Bestsellern. Es werden dort einige Grundregeln angeführt, die jeder, der mit anderen Menschen auskommen will, beachten sollte.

Tips

- Kaufen Sie sich dieses Buch unbedingt
- Studieren Sie die Regeln und besuchen Sie, wenn möglich, einen Dale-Carnegie-Kursus

Lernen selten aus ihren Fehlern

Wir alle haben in unserem Leben im Bereich des menschlichen Kontaktes schon Fehler gemacht. Im nachhinein muß man erkennen, daß man mitunter grob und fahrlässig gehandelt hat. Doch das ist nicht so tragisch, wenn wir wenigstens bereit sind, daraus zu lernen.

Tips

- Versuchen Sie, psychologische Kenntnisse zu erwerben
- Lernen Sie aus Ihren Fehlern

Geben gern vor anderen an

Der Mensch möchte sich gern in den Mittelpunkt stellen. Das führt aber leicht zu Oppositionen. Besonders kleine Menschen neigen sehr oft dazu, »sich größer zu machen«. Hier erkennt man versteckte Komplexe, die durch eine verstärkte Zurschaustellung kompensiert werden sollen. Es lohnt sich natürlich zu bleiben, denn wer die große Show abreißen will, kommt meistens bei anderen nicht an.

Tips

- Versuchen Sie, ein sympathischer Verkäufer zu sein
- Der teuerste Wagen nützt wenig, wenn Sie nicht verkaufen können

Sind in ihren Äußerungen zu direkt

Was manche Menschen sagen, geht auf keine Kuhhaut. Sie sind so unverschämt direkt, daß man nur mit dem Kopf schütteln kann. Sie schaffen sich viele Feinde, weil sie die grundlegenden Regeln der Menschenkenntnis nicht beherrschen.

Tips

- Wie kommen Sie mit Ihren Äußerungen an?
- Ein kluger Mann sagte einmal: »Sie sollen zwar alles wissen, aber nicht alles sagen, was Sie wissen«

Befolgen nicht den Grundsatz, andere so zu behandeln, wie man selbst behandelt sein möchte

Es gibt Menschen, die anderen gegenüber sehr grob und taktlos sein können und kein Verständnis für sie aufbringen. Sie selbst fühlen sich aber stets angegriffen und reagieren überaus sensibel.

Tips

- Bleiben Sie immer fair in der Menschenbehandlung
- Behandeln Sie andere so, wie Sie selbst behandelt werden möchten

Merchandising

Vernachlässigen Merchandising-Arbeit

Das Wort »Merchandise« stammt aus dem Englischen und heißt im ursprünglichen Sinn »Ware«. Seit Einführung der Selbstbedienung spielt die Warenplazierung im Regal eine sehr bedeutende Rolle: »Ware, die nicht gesehen wird, wird nicht gekauft!« Gute Verkäufer sorgen dafür, daß ihre Produkte im Blickfeld stehen und verwenden einen Teil ihrer Arbeitszeit darauf, die Ware auszupakken und optimal zu plazieren.

Tips

- Sorgen Sie dafür, daß Sie Sonderangebots-Standplätze bekommen
- Beschriften Sie Preisplakate – es lohnt sich!

Geben selten Tips für den Abverkauf weiter

Die Dame am Regal, der Lagerarbeiter, der Fahrer des Gabelstaplers, sie alle sind wichtig in der Absatzkette. Nehmen Sie sich die Zeit, auch diese Menschen positiv für Ihre Ware zu beeinflussen, denn je schneller die Ware vom Lager ins Regal kommt, desto schneller können Sie neue Aufträge tätigen.

Tips

- Ein freundliches Wort wirkt Wunder
- Geben Sie Tips und Empfehlungen an diese »unsichtbaren« Mitarbeiter weiter.

Wissen nicht immer, wie die Ware am Stammplatz plaziert werden soll

Merchandising ist eine verhältnismäßig neue Wissenschaft. Es werden ständig Tests im Einzelhandel durchgeführt. Die »Lebensmittelzeitung« im Deutschen Fachverlag, Frankfurt, hat mehrere, sehr interessante Studien gemacht. Diese sollten Markenartikel-Reisende sorgfältig studieren. Ein Sonderangebot ohne Stammplatz-Plazierung sorgt nicht für den kontinuierlichen Verkauf.

Tips

- Plazieren Sie Ihre Ware in Augenhöhe
- Lernen Sie die Brennpunkte und Abverkaufsregeln kennen

Halten Plazierungsarbeiten unter ihrer Würde

»Ich bin doch kein Neger, daß ich die Ware auspacke und plaziere – ich bin hier zum Verkauf und nichts anderes!« sind Worte der Verkäufer, die nicht mit der Zeit gegangen sind. Die Plazierungsarbeit nimmt immer mehr an Bedeutung zu, besonders bei den Verbrauchermärkten. Die neuesten Studien besagen, daß der Marktanteil der Verbrauchermärkte im Jahre 1980 auf 15% steigen wird – ein beachtlicher Marktanteil!

Tips

- Ziehen Sie Ihre Jacke aus und krempeln Sie die Ärmel hoch!
- Arbeit hat noch nie geschadet! Sie bringt aber Umsatz

Nützen die Zeit nicht immer optimal aus

Leider sind viele Einkäufer zwischen 12.00 und 15.00 Uhr nicht zu erreichen, da hier die Mittagspausen liegen. Das erschwert selbstverständlich die Arbeit des Verkäufers sehr. Andererseits kann er aber bei guter Planung diese Zeit anderweitig nutzbringend verbringen. Er kann z. B. schriftliche Arbeiten wie Eintragungen in die Karteikarten, Korrespondenz usw. nach dem Mittagessen erledigen und hat diese Zeit am Abend gespart. Auch längere Fahrzeiten zum nächsten Kunden kann er in die Mittagspause legen. Er ist dann bei Öffnung des Geschäftes pünktlich an Ort und Stelle.

Tips

- Überlegen Sie, wo Sie die Zeit noch besser ausnutzen können
- Nutzen Sie auch die Mittagszeit optimal aus

Mimik

Haben eine farblose Ausdrucksweise

Beim Sprechen wird kaum der Mund aufgemacht. Sie wirken langweilig und farblos. »Dem müßte man etwas Feuer unter dem Hintern machen« denken viele. Wer beeinflussen will, muß andere begeistern und mitreißen können.

Tips

- Vermeiden Sie lahme Bewegungen
- Strahlen Sie eine gewisse Faszination aus

Besitzen keinen Schliff in der Haltung

Oft kann man feststellen, daß sehr große Menschen eine schlechte Haltung haben. Sie wollen quasi unbewußt ihre Größe verstecken. Dagegen sind kleine Menschen häufig viel zu zackig in ihren Bewegungen. Eine natürliche, gute Haltung – gelockert, gelöst – ist anzustreben. Viele wissen nicht was sie mit ihren Händen machen sollen. Dabei ist es so einfach sie normal hängen zu lassen und sie beim Sprechen zur Unterstreichung der Gesten abwechselnd zu bewegen. Halten Sie Ihre Hände nicht hinter dem Rücken fest, dadurch fesseln Sie nur sich.

Tips

- Achten Sie bewußt auf Ihre Haltung
- Studieren Sie die Haltung anderer Menschen und lernen Sie daraus

Zuwenig Gesichtsausdruck

»Da kommt ja wieder das Pokergesicht« – »Er sieht einem nicht in die Augen, wenn er spricht.« Mimik und Gestik sind beim Verkauf und bei der Beeinflussung anderer aber sehr wichtige Hilfsmittel.

Tips

- Studieren und üben Sie Mimik mit Hilfe eines Spiegels
- Besuchen Sie ein Ebeling Rhetorikseminar

Übertreiben die Gestikulation

Besonders große Menschen sollten mit ihren Handbewegungen sparsam umgehen, sonst wirken sie mitunter lächerlich. In engen Geschäften kann dadurch auch die Ware umgeworfen werden! Kleine Menschen dagegen können mehr Gestik und Mimik zur Betonung ihrer Aussagen verwenden.

Tips

- Besuchen Sie einen (Fernseh-)Rhetorik-Lehrgang
- Beobachten Sie Mimik und Gestik bekannter Schauspieler im Fernsehen oder auf der Bühne

---

Mißerfolg

Leiden an mangelndem Fleiß

Als Verkaufstrainer habe ich schon sehr viele Verkäufer geschult und kennengelernt. Bei der Zusammenarbeit und bei Analysen mußte ich feststellen, daß einer der Hauptgründe für ein Versagen in mangelndem Fleiß zu suchen war. Wer Verkaufsberater, Merchandiser oder Werbedame werden will, muß bereit sein, hart mit Konsequenz und Optimismus zu arbeiten.

Tips

- Arbeiten Sie jeden Tag nur eine Stunde länger, und der Erfolg wird sich zu Buche schlagen
- Denken Sie daran, daß uns nichts geschenkt wird, nur harte Arbeit bringt den Erfolg

Sind ziellos und unstetig

Nur wer den Weg kennt und sich kurz-, mittel- und langfristige Ziele setzt, wird in der Lage sein, diese auch zu erreichen. Verkäufer ohne jede Richtschnur und den entsprechenden Erfolgswillen werden schnell versagen.

Tips

- Stellen Sie einen Zielplan schriftlich auf. Unterteilen Sie ihn nach kurz-, mittel- und langfristigen Zielen
- Konzentrieren Sie alle Kräfte auf die jeweiligen Ziele, bis sie erreicht sind

Leiden unter fehlendem Glauben an sich selbst

Es wird wenig bedacht, daß die Verkäufer sich täglich mit negativen Einstellungen und dem Pessimismus ihrer Kunden auseinandersetzen müssen. Kein Wunder, wenn sie dann selbst resignieren, deprimiert und dadurch in ihrer Arbeit wenig erfolgreich sind. Der Glaube an den eigenen Erfolg wird schnell erschüttert. Winston Churchill sagte einmal: »Erfolg bedeutet die Fähigkeit zu besitzen, noch einmal aufstehen zu können.«

Tips

- Studieren Sie Erfolgsbücher und Biographien erfolgreicher Menschen
- Motivieren Sie sich selbst immer wieder
- Sprechen Sie mit einem guten Freund, der es versteht, Sie moralisch aufzurichten

Haben Minderwertigkeitskomplexe

In vielen Büros findet man eine Abbildung mit dem Ausspruch: »Nobody is perfect« und die Abbildung zeigt einen häßlichen Menschen, ein sehr humoristisches Bild. Im Grunde genommen hat jeder Mensch in irgendeiner Form Minderwertigkeitskomplexe, die nur allzu verständlich sind. Man muß es nur verstehen, diese nicht vordergründig zu sehen und sie als Berg vor sich herzuschieben. Zum Beispiel Menschen, die einen Dialekt sprechen, haben Schwierigkeiten sich klar und deutlich auszudrücken. Wenn sie nur wüßten, daß ihr Dialekt sie manchem interessant macht!

Tips

- Fassen Sie Mut, lernen Sie mit Ihren Komplexen zu leben oder bekämpfen Sie sie ganz energisch
- Dale Carnegie sagte: »Führe durch was du fürchtest, und die Furcht wird einen sicheren Tod sterben«

Leiden unter mangelnder Konzentration auf die Arbeit

Die Sonne scheint, das Wetter lockt, die Badehose liegt parat. Beim Frühstück sagen Sie sich, ich muß etwas für die Gesundheit tun und brausen los. Man trifft nette Leute, und aus einer Stunde werden vier – der halbe Vormittag ist vorüber. Man hofft, diesen Tag am nächsten Tag einholen zu können, aber es geht nicht, es kommen andere Dinge dazwischen. Wer im Verkauf erfolgreich sein will, darf sich nicht ablenken lassen, sondern muß sich ganz konzentriert seiner Arbeit widmen und das vor allem auch beim Gespräch mit dem Kunden.

Tips

- Wer sich besser konzentrieren kann als der Gesprächspartner, hat schon halb gewonnnen
- Neuerdings sind einige sehr gute Bücher über Konzentration und Beobachtungstechnik erschienen

Wissen nicht, daß korrekte, schriftliche Arbeiten auch vom Innendienst bemerkt werden

Ordnung und Sauberkeit sind Tugenden, die sich bezahlt machen. Vor lauter Unordnung finden die meisten gar nichts. Es kommt nicht selten vor, daß der Innendienst vom Außendienst Briefe erhält mit einem Fettfleck drauf. Nicht gerade sehr ansprechend, oder sind Sie anderer Meinung? Auf Korrektheit, Pünktlichkeit, Ehrlichkeit und Ordnung wird in der Hauptverwaltung mehr geachtet, als viele ahnen.

Tips

- Nehmen Sie es sich vor, Ihre schriftlichen Arbeiten ordentlich und korrekt zu erledigen
- Lassen Sie sich dabei vielleicht von Ihrer Gattin helfen

Muster

Teilen die Mustervergabe nicht immer klug ein

Alle Verkäufer bekommen von Zeit zu Zeit ein bestimmtes Quantum an Mustern. Diese müssen Sie sorgfältig und sparsam an Ihre Kunden verteilen. Viele Verkäufer machen den Fehler, daß sie diese Muster ihren Lieblingskunden geben, zum Teil auch selber verbrauchen oder für private Geschenke einsetzen. Es ist eine gewisse Zweckentfremdung, die hier oft ohne Bedacht betrieben wird.

Tips

- Setzen Sie Ihre Muster rationell ein
- Seien Sie vorsichtig beim Verschenken, weil Sie dadurch leicht die anderen verärgern können, die keine Muster erhalten haben

Verwenden schmutzige, abgegriffene Vorzeigmuster

Gut verkaufen kann nicht jeder, aber eine saubere und ordentliche Arbeitsausrüstung, neue und frische Vorzeigmuster kann sich jeder zusammenstellen oder besorgen. Bei der Zusammenarbeit mit Verkäufern muß man leider oft feststellen, daß die Vorzeigprodukte abgegriffen, schmutzig und unansehnlich sind.

Tips

- Sorgen Sie dafür, daß Ihre Vorzeigmuster immer aktuell, frisch und sauber sind
- Achten Sie auf Sauberkeit und seien Sie mit Ihren Unterlagen besonders vorsichtig

Verteilen Muster oft nicht im Sinne der Firma

Besonders zur Weihnachtszeit werden Muster und auch Geschenke nicht im Sinne der Firma verteilt. Ein Kunde bekommt eine sehr große Menge, wogegen andere vernachlässigt werden. Hier sollten Verkäufer unternehmerisch handeln und auch immer an die Konsequenzen denken.

Tips

- Handhaben Sie die Musterverteilung richtig
- Seien Sie vorsichtig, damit Sie manche Kunden nicht verärgern

---

Mut

Fehlt der Mut, auch einmal nein zu sagen

Der Kunde stellt ungerechtfertigte Rabattforderungen, oder er beleidigt Sie oder Ihre Firma während der Verhandlung. Manche Verkäufer geben dann klein bei oder schweigen, wo es richtiger wäre, die Situation zu klären. Meine Erfahrung hat mir gezeigt, daß man sich nicht alles gefallen lassen darf. Es gibt Situationen, in denen der Kunde es einfach spüren muß, daß Sie auch nein sagen können.

Tips

- Einige der besten Kunden sind oft diejenigen, mit denen man schon mal Streit gehabt hat
- Haben Sie den Mut »nein« zu sagen

Fehlt der Mut, die Wahrheit zu sagen

Vertrauen und Glaubwürdigkeit sind immer wichtige Voraussetzungen für den Verkaufsprozeß. Langfristig wird die Wahrheit immer gewinnen, und zu ihr sollten sich alle Verkäufer bekennen, oft fehlt aber der Mut hierzu.

Tips

- Sagen Sie die Wahrheit, es lohnt sich
- Verzichten Sie auf schnelle Erfolge, wenn sie auf Unwahrheiten basieren

Haben Angst vor Kunden, die Schwierigkeiten bereiten

Die freundlichen Kunden geben uns nicht unbedingt die Aufträge, sondern oft gerade diejenigen, mit denen wir kämpfen und ringen müssen. Ein sehr bedeutender Kunde war anderer Meinung als Sie, Sie haben sich geärgert und sich geschworen, sich nicht wieder dort sehen zu lassen. Ein großer Fehler, denn der Kunde ist für Ihre Firma sehr bedeutend. Persönliche Neigungen oder Abneigungen dürfen nicht in den Vordergrund gestellt werden. Die Firmeninteressen müssen entscheidend sein.

Tips

- Machen Sie einen »Zurückeroberungsplan«
- Bedenken Sie, daß alle Menschen Stimmungen unterworfen sind. Vielleicht geht es morgen besser.

N

Nachfassen

Vergessen, daß einmalige Erfolge nicht zählen

Ein kluger Mann sagte einmal: »Bedenken Sie immer das Ende.« Auch bei Ihrer Arbeit. Sie sollten schon heute Kontakte schaffen, damit Sie auch morgen weiterverkaufen können. Schnellschußaktionen lohnen sich nicht, weil Sie dann ja immer wieder neu beginnen müssen. Es ist das kontinuierliche Geschäft, das Sie anstreben sollten.

Tips

- Arbeiten Sie verkaufsmäßig und langfristig
- Wer Dauerkunden besitzt, braucht nicht so viele Neuwerbungen durchzuführen

Vergessen, daß sich Nachfassen immer lohnt

In der Versicherungsbranche weiß man, daß man erst einen hohen Prozentsatz von Kunden besuchen muß, um schließlich einen Abschluß tätigen zu können. Die Quote mag sein 5 : 1 bis 20 : 1. Abhängig von der Branche. Nachfassen, den Kunden neu besuchen, nicht lockerlassen. Jeder Verkäufer sollte telefonisch kontaktieren.

Tips

- Fassen Sie per Telefon, brieflich oder persönlich nach
- Ihre Kartei wird Ihnen dabei eine nützliche Hilfe sein

Besitzen nicht die Fähigkeit, trotz Mißerfolg weiterzukämpfen

In der Anzeigenbranche weiß man, daß Anzeigenaufträge oft erst viel später eintreffen. Es kann manchmal ein ganzes Jahr dauern, bis man einen Vertrag abschließen kann. Deshalb sollte man auch in anderen Branchen ständig nachfassen und nicht den Mut verlieren. Viele Verkäufer geben zu schnell auf, ohne zu ahnen, daß der Erfolg oft bereits so nahe ist.

Tips

- Kämpfen Sie immer weiter
- Zeigen Sie was Sie können

Nachteile nennen

Verwenden viel zu wenig die Plus-Minus-Methode

Die Plus-Minus-Methode ist ein vorzügliches Hilfsmittel, besonders in der Abschlußphase des Gespräches. Die Wirksamkeit dieser Methode liegt darin, daß Sie die Minuspunkte aufschreiben. Verkäufer sollten herauskristallisieren, welche Haupteinwände bei dem Kunden gedanklich existieren. Mit der Fragetechnik können Sie diese herausfinden. Auch Sie können die schon genannten Nachteile auf der Minusseite aufschreiben und später auf der Plusseite fortführen.

Tips

- Arbeiten Sie mehr mit der Plus-Minus-Methode, um die echten Einwände herauszufinden
- Geben Sie nicht zu früh auf, und haben Sie keine Angst über Komplikationen zu sprechen

Lassen in der Argumentation nicht immer die Vorteile überwiegen

Sobald die Nachteile zu Papier gebracht worden sind, geht es selbstverständlich darum, nun viele Pluspunkte zu sammeln. Diese werden zur Überzeugung des Kunden benötigt, um ihm zu zeigen, daß die Vorteile bei weitem überwiegen. Auch dies wird nicht immer gekonnt vorgeführt.

Tips

- Üben Sie Gespräche mit der Plus-Minus-Methode
- Fertigen Sie sich für Ihre Verkaufsgespräche einige Plus-Minus-Bogen an

Denken nicht immer daran, daß nur durch Glaubwürdigkeit beim Kunden manche Nachteile zum Vorteil werden

Kunden schätzen Ihre Ehrlichkeit und Ihre Bemühungen die Wahrheit zu finden. Die Zugabe von Fehlern ist sehr wichtig, weil es förmlich ein Signal für den Kunden ist, daß Sie sich bemühen glaubwürdig zu sein. Scheuen Sie sich nicht, situationsgerecht zu argumentieren bei Ihrer Bemühung, den Kunden zu überzeugen.

Tips

- Nennen Sie ruhig Nachteile. Es bringt Ihnen oft Vorteile
- Helfen Sie dem Kunden eine wichtige Entscheidung zu treffen

---

Neueinführungen

Stehen neuen Ideen zu skeptisch gegenüber

Schon wieder etwas Neues, was soll denn das nur, wir haben doch noch so viel alte Ware, die wir noch verkaufen müssen. Sehr geehrter

Verkäufer, haben Sie nicht erkannt, daß sich in unserer schnellebigen Zeit die Produkte ständig verändern müssen, um dadurch einen Wettbewerbsvorsprung erzielen zu können. Untersuchungen besagen, daß 75% aller Produkte in den nächsten 10 Jahren »neue« sein werden. Stehen Sie also neuen Ideen nicht skeptisch gegenüber.

Tips

- Seien Sie fortschrittlich, modern und aufgeschlossen
- Seien Sie kein Miesepeter in Ihrer Firma

Nützen die Neugierde Ihrer Kunden nicht genügend aus

Neueinführungen und neue Produkte müssen mit bestimmten Techniken verkauft werden. Im SB-Einzelhandel hört man oft den Einwand: »Nein, ich nehme keinen neuen Artikel auf, dazu habe ich nicht genügend Platz. Mein jetziges Sortiment reicht mir völlig aus.« Der Verkäufer macht den Fehler, daß er zu dem Kunden sagt: »Ich habe hier einen neuen Artikel«, besser wäre es, das Wort »neu« zu vermeiden und dem Kunden den Artikel sofort zu zeigen. Ihn neugierig machen, überraschen, es ihn verwenden lassen. Viele Verkäufer operieren gerade bei Neueinführungen sehr ungeschickt.

Tips

- Wecken Sie mit Ihrem Artikel Neugierde
- Auch neue Produkte müssen hineinverkauft werden

Übersehen, daß viele Kunden bei Neueinführungen gern dabei sein wollen

Sie müssen Ihre Kunden kennen, ihre Neigungen, Vorlieben und Interessen. Manche wollen unbedingt fortschrittlich, modern und progressiv sein. Diese Kunden eignen sich ganz besonders gut für Neueinführungen. Dies müssen Sie erkennen und wissen.

Tips

- Machen Sie entsprechende Notizen auf Ihrer Karteikarte
- Sagen Sie dem Kunden »Herr Meier, Sie sind ja fortschrittlich und interessieren sich immer für das Neueste, hier ist es.«
- Kennen Sie – »Erfolgreiche Besuchsvorbereitung« – erschienen im Verlag moderne industrie? (EBELING)

O

Objektivität

Fassen allgemeine Bemerkungen sehr persönlich auf

Verkäufer sind nicht immer objektiv genug. Bemerkungen fassen Sie persönlich auf. Der Kunde hat es nicht so gemeint, es war nur sein allgemeiner Kommentar. Wichtig ist doch nur, daß Sie die Ware verkaufen.

Tips

- Denken Sie daran, es geht immer um den Verkauf
- »Keep smiling«

Erkennen nicht, daß Objektivität schneller zum Ziel führt

Viele befreien sich nicht von ihren Vorurteilen. Sie sind behaftet mit eingefrorenen Standpunkten. Eine Diskussion sollte aber unter allen Umständen objektiv verlaufen. Beurteilen Sie die Situation nach den Gegebenheiten. Leider tun dies viele nicht.

Tips

- Bleiben Sie immer objektiv – nicht leicht, aber gut
- Sehen Sie auch den Standpunkt des anderen

Optimismus

Optimismus fehlt

Erfolgreiche Menschen sind lebensbejahend und verlieren nie ihren Optimismus. Die Biographien vieler erfolgreicher Menschen zeigen, wie diese trotz Niederlagen immer weiter kämpften und niemals ihren Optimismus aufgaben. Eine Einstellung, die notwendig ist für jeden, der erfolgreich sein will.

Tips

- Auch wenn es schwerfällt, versuchen Sie Optimist zu sein
- Seien Sie ein Zubringer von guten Nachrichten und sehen Sie das Positive – »Sage ja und du kannst.«

Ermutigen andere Menschen nicht genügend

Wie oft kann man einem anderen Menschen durch Zuspruch und Mut helfen. Ein nettes Wort, Verständnis zeigen und Optimismus schenken, baut andere auf. Kunden werden Ihnen dafür dankbar sein.

Tips

- Denken Sie auch an Ihren Kunden und helfen Sie ihm
- Optimisten und Hilfsbereite haben es leichter im Leben

Fehlt die Ausstrahlungskraft

Sie sind zaghaft, mit Hemmungen belastet und wirken völlig unbeholfen. Von einem Verkäufer erwartet man eine gewisse Ausstrahlungskraft, Fluidum und Charisma.

Tips

- Versuchen Sie Ihre Persönlichkeit zu entwickeln
- Verbessern Sie Ihre Ausdrucksfähigkeit

Verkaufen mit zu ernstem Gesichtsausdruck

Sie schauen drein, als ob die Welt bald untergehen wird. Der Kunde, der sein Geld gespart hat und im Einzelhandel einkauft, möchte gern ein Einkaufserlebnis haben. Viele Verkäufer machen den Fehler, daß sie viel zu ernst, begeisterungslos und ohne Fluidum oder Optimismus verkaufen. Nur wenige Verkäuferinnen und Verkäufer können einen so richtig mitreißen.

Tips

- Achten Sie darauf, daß Sie mit entsprechender Gesichtsmimik verkaufen
- Ein charmantes Lächeln hat schon viele Kunden gewonnen

Zeigen Launen

Probleme und Schwierigkeiten haben wir alle. Das ist aber längst noch kein Grund, andere Menschen damit zu belasten. Gewiß ist der Verkäuferberuf nicht einfach und trotzdem sollten wir uns immer bemühen, freundlich, zuvorkommend und hilfsbereit zu sein.

Tip

- Gut gelaunt geht alles viel besser

P

Partnerschaft

Fehlt der Partnerschafts- und Servicesinn zum Kunden

Der heutige Verkäufer tritt mehr und mehr als gleichberechtigter Partner bei dem Kunden auf. Dies ist mehr denn je durch die Kompliziertheit und die technische Entwicklung der Produkte bedingt. Er braucht Sie und Sie brauchen ihn. Gute Verkäufer bauen diesen Partnerschaftssinn zum gemeinsamen Gewinn aus.

Tips

- Sagen Sie es dem Kunden auch, daß Sie eine Partnerschaft mit ihm anstreben
- Gute Verkäufer brauchen nicht unterwürfig in ihrem Handeln zu sein

Erkennen nicht, daß die Zukunft auf Service beruht

Große Firmen mit internationalem Charakter wie IBM, Rank Xerox und verschiedene andere mehr, haben es verstanden, einen hervorragenden Serviceapparat aufzubauen. Ein Anruf genügt, und der Mechaniker oder der Spezialist ist binnen einiger Stunden bei Ihnen im Haus, um Ihnen zu helfen. Dieser Servicegedanke, der von A bis Z läuft, ist sehr wichtig und wird in Zukunft mehr denn je eine große Rolle bei Kaufentscheidungen spielen.

Tips

- Helfen Sie dem Kunden wo Sie können und haben Sie auch einen guten Kontakt zur Serviceabteilung
- Manche Hilfestellung können Sie selber geben

Vergessen, daß Entscheidungen heute schon oft im »Team« getroffen werden

Große Entscheidungen gehen heute mehr denn je in die Breite, d.h., daß ein Gremium oft eine Kaufentscheidung fällt. Viele Verkäufer berücksichtigen diese Tatsache nicht und liefern daher nicht genügend Hilfsmittel, Informationsschriften, Kataloge, Mappen und Unterlagen. Sie sollten auch versuchen, die einzelnen Gremienmitglieder frühzeitig zu beeinflussen und zu informieren.

Tips

- Finden Sie heraus, wer die Kaufentscheidung trifft
- Versuchen Sie, diese Leute persönlich anzusprechen und schicken Sie ihnen Informationen zu

---

Persönlichkeit

Sind nicht stolz auf ihren Beruf

Der soziale Status des Vertreters ist in anderen Ländern, insbesondere in englischsprechenden Ländern, viel höher als hier in Deutschland, glaube ich. Sehr schade, denn im Grunde genommen sind die Verkäufer die unerläßlichen Helfer in der Entscheidungsbildung und Mittler zwischen Industrie, Handel und Verbraucher. Ohne sie würden die Räder der Industrie nicht so optimal laufen. Oft ist es allerdings der Fall, daß sogar der Verkäufer selbst seinen Beruf gering einschätzt.

Tips

- Seien Sie stolz auf Ihren Beruf
- Versuchen Sie durch Ehrlichkeit und Fairplay den Status des Verkäuferberufes aufzubauen und zu festigen

Sehen sich selbst oft nur als »Türklinkenputzer« an

Sie sind kein Bettler, wenn Sie es nicht sein wollen. Sie haben eine wichtige Aufgabe zu erfüllen und bieten gute Dienste an. Auch der Staubsaugervertreter z.B., der von Tür zu Tür geht, versucht im Schweiße seines Angesichts seine Arbeit zu verrichten. In Amerika ist der von Tür-zu-Tür-Verkäufer ein höchst dynamischer und gutverdienender Bürger, der stolz auf seinen Beruf und seine Tätigkeit ist.

Tips

- Seien Sie ebenfalls stolz auf Ihren Beruf
- Die Persönlichkeit ist das Wichtigste dabei

Fehlt Flexibilität, Humor und Schlagfertigkeit

In sämtlichen Verkaufsbüchern, die ich kenne, wird viel zu wenig die Bedeutung von Humor und Schlagfertigkeit im Verkaufsprozeß betont. Es gibt aber manche Situationen, wo kein rationelles Argument den Kunden überzeugen würde. Nur derjenige, der etwas Humor und vielleicht Schlagfertigkeit im richtigen Moment anbringen kann, wird es verstehen, den Kunden zum Schmunzeln zu bringen. Dieses Lächeln wird dann der Türöffner sein.

Tips

- Seien Sie humorvoll, es verschönt das Leben gewaltig
- Schlagfertigkeit ist durch gute Beobachtung erlernbar. Wenden Sie sie vielmehr an

Fehlt der dynamische Schwung

Es kann nicht oft genug betont werden, wie wichtig Dynamik, Überzeugungskraft und Hilfsbereitschaft sind und welche wichtige Rolle sie spielen. Verkäufer müssen mitreißen können. Wir als Kunden schätzen es immer, wenn ein Verkäufer sich redlich bemüht hat einen zufriedenzustellen, unsere Wünsche und Vorstellungen durch die Produkte und seine Dienstleistung zu realisieren.

Tips

- Wir müssen uns tagtäglich erneut selbst begeistern
- Der dynamische Schwung, der andere mitreißt, ist enorm wichtig

---

Planung

Glauben, daß Planen nur Zeitverschwendung ist

Manche Verkäufer lieben die Schreibtischarbeit gar nicht sehr. Sie verabscheuen die Planung und die Vorbereitungszeit. Das ist wirklich schade, denn heutzutage kommt es immer mehr auf eine gute Vorarbeit an. Viele Verkäufer könnten ihre Effektivität durch bessere Planung erhöhen.

Tips

- Arbeiten Sie vielmehr mit Block und Bleistift
- Vorbereitung und Durchdenken der Aufgabe spart viel Zeit und Mühe

Kommen vor lauter Planen gar nicht zum Arbeiten

Dann gibt es die zweite Kategorie von Verkäufern, die, die zuviel planen. Sie sitzen noch frühmorgens am Schreibtisch und man fragt sich, wann sie eigentlich losfahren, um Kunden zu besuchen. Wenn man sie darauf anspricht, dann sagen sie: »Ich muß mich genügend vorbereiten.« Nur bis sie damit fertig sind, ist der halbe Tag schon vergangen.

Tips

- Planen Sie die Arbeit und sorgen Sie schnellstens für deren Realisierung
- Meiden Sie den Bürobesuch frühmorgens, weil man zu leicht hängenbleibt

Machen keine schriftlichen Pläne

Es geht uns allen so, wir werden nervös, wenn wir das Gefühl haben, noch vieles erledigen zu müssen. Die Ideen spuken uns im Kopf herum. Täglich sollten wir uns »Ruhestunden« einplanen. Mit Block und Bleistift kann man dann die zu erledigenden Aufgaben schriftlich festhalten.

Tips

- Erstellen Sie sich schriftliche Pläne
- Es ist auch recht nützlich, ein kleines Tonband für neue Ideen und als Aufgabenkatalog zu verwenden

Studieren ihre Statistik zu wenig

Kunden wollen heute mehr denn je Fakten und Tatsachen hören. Für die Planung sollte man die einzelnen Akten zur Hand nehmen und statistisch auswerten. Wie sieht der letzte Jahresumsatz aus? Wie der Monatsumsatz? Welche Trends kann man anhand der Statistik beobachten und erkennen?

Tips

- Statistiken helfen bei der Bedarfsermittlung
- Verwenden Sie die Computerauszüge, die Sie sicherlich regelmäßig von Ihrer Firma erhalten

Betrachten den Montag nicht als den wichtigsten Tag

Die Erfahrung im Verkauf zeigt immer wieder, daß man einen

verbummelten Montag während der Woche nicht wieder einholen kann. Es lohnt sich immer, schon am Sonntagabend den Montag vorauszuplanen, so daß man frühzeitig beginnen kann. Viele Verkäufer beachten diese wichtige Tatsache leider nicht.

Tips

- Erkennen Sie die Vorteile des guten Beginnens am Montag
- Erfolge am Montag geben einem Zuversicht für die ganze Woche

---

Potente Kunden

Besuchen wichtige Kunden nach einer Abweisung oft nicht wieder

Liegt es daran, daß Verkäufer Hemmungen haben oder liegt es daran, daß Verkäufer ein Streitgespräch vermeiden wollen? Können sie nicht begreifen, daß es heute wichtiger ist, einen großen potenten Kunden zu gewinnen und zu betreuen, anstatt viele kleinere, die doch nicht den entsprechenden Umsatz bringen, dabei aber in der Betreuung sehr kostenintensiv sind.

Tips

- Überlegen Sie genau, welche strukturellen Veränderungen in Ihrem Gebiet stattfinden
- Gewinnen Sie die wichtigsten und potentesten Kunden zuerst

Besuchen wichtige Kunden nur sporadisch

Kunden wollen betreut werden. Kunden wollen Dienstleistungen und eine Servicebetreuung erhalten. Es ist falsch, diese Kunden eine längere Zeit nicht aufzusuchen, denn dadurch geben Sie der Konkurrenz einen Vorsprung und die Chance, in die Flanke hineinzuschießen.

Tips

- Erarbeiten Sie einen Tourenplan, und achten Sie auf regelmäßige Besuche
- Der Kunde muß wissen, wann Sie kommen, so daß er auch seine Bestellungen danach richten kann

Beraten die potenten Kunden nicht genügend

Kluge Verkäufer schauen sich erst einmal den Betrieb an. Sie versuchen, sich eine Vorstellung über die Möglichkeiten und das Potential des Kunden zu bilden. Danach arbeiten sie einen Bedarfsplan aus, so daß sie auch die richtige Menge verkaufen.

Tips

- Potente Kunden müssen richtig eingeschätzt werden
- Machen Sie eine Rundschau, um den wirklichen Bedarf einschätzen zu können

Nur der Faule versucht, alles auf einmal zu erledigen

Setzen Sie sich pro Tag eine bestimmte Aufgabe als Hauptziel, und tun Sie dann auch alles, um diese Aufgabe zu erledigen. Wie viele Menschen haben mehrere angefangene Vorgänge liegen, die alle unerledigt sind, aber halb begonnen ist nicht fertig. Konzentrieren Sie Ihre ganze Kraft auf eine Aufgabe, um sie erfolgreich zu erledigen. Erst dann sollten Sie eine neue Aufgabe in Angriff nehmen.

Tips

- Es ist wichtig, sich eine gute und nützliche Arbeitstechnik anzueignen
- Manche sehr erfolgreiche Menschen arbeiten gar nicht mehr als andere, sondern nur effektiver

Prioritäten

Legen keine Prioritäten fest, um mehr schaffen zu können

Die Aufgaben und damit die zu erledigenden Arbeiten nehmen ständig zu. Zeit ist für Sie das wichtigste Kapital, weil Sie es nicht vermehren können. Um aber optimal arbeiten zu können, müssen Sie sich Prioritätenlisten erstellen. Ein bekannter Unternehmensberater erhielt von Henry Ford einen großen Scheck, weil er in den Ford-Unternehmen nur Prioritätenpläne eingeführt hatte.

Tips

- Wer alles versucht zu schaffen, erreicht oft gar nichts
- Erstellen Sie sich einen Prioritätenplan

Erledigen nicht Punkt für Punkt

Was nützen die besten Pläne, wenn sie nicht realisiert werden. Eine Methode, die sich bewährt hat, ist, eine kleine Karte in der Tasche zu haben mit der Einteilung: Mußaufgaben – eventuelle Aufgaben – spätere Aufgaben. Die Aufgaben werden nach diesen Kategorien eingeteilt und dann dementsprechend erledigt.

Tips

- Arbeiten Sie so, daß Sie das Allerwichtigste zuerst machen
- Erledigen Sie alles Punkt für Punkt, und Sie machen Fortschritte

Erledigen das Wichtigste nicht zuerst

Es ist eine alte Weisheit, daß man beispielsweise die unangenehmsten Briefe und Vorgänge meistens nach unten in den Bürokorb legt. Dadurch werden sie zeitlich immer wieder hinausgeschoben, und der Sachbearbeiter hat zudem noch ständig ein schlechtes Gewissen, weil er die Aufgabe noch nicht erledigt hat.

Tips

- Erledigen Sie das Unangenehme und Wichtige immer zuerst
- Begrüßen Sie Probleme, weil sie einen herausfordern

Produktkenntnisse

Sprechen zu »technisch«

Immer wieder muß man feststellen, daß Verkäufer, die schon lange bei einer Firma und deshalb mit der Materie sehr vertraut sind, dazu neigen, firmeninterne Kurzformulierungen zu verwenden, oder daß Techniker und Fachverkäufer oft über »die Köpfe der Zuhörer hinweg« sprechen. Das ist ein grober Fehler.

Tips

- Vermeiden Sie firmeninterne Abkürzungen in Ihren Gesprächen. Sie verstehen sie, aber Ihre Kunden verstehen Sie dann nicht
- Nehmen Sie einmal einen Verkaufskollegen mit, der Sie dann gerade auf diesen Punkt hin überprüft

Versuchen sich durch ihr Fachwissen ins rechte Licht zu rücken

Es geht beim Verkaufsgespräch nicht darum, Ihr Fachwissen oder Können dem Kunden zu zeigen, sondern dem Kunden ein Produkt oder eine Dienstleistung zu verkaufen. Vermeiden Sie diese leicht überhebliche Art, denn sie bringt Ihnen keinen Gewinn.

Tips

- Versuchen Sie nie, durch Ihr Fachwissen bei dem Kunden unbedingt glänzen zu wollen
- Mitunter ist auch der stille Zuhörer sogar noch sachkundiger als Sie es sind

Verfügen über eine mangelhafte Produktkenntnis

Produktkenntnisse können beim Verkäufer sehr schnell in Vergessenheit geraten. Immer wieder sollte er von Zeit zu Zeit die Handbücher zur Hand nehmen, um sein Wissen wieder aufzufrischen, denn es gibt doch einige Kunden, die uns dann und wann gezielte Fachfragen stellen. Wie peinlich, wenn man dann keine fachgerechte Antwort geben kann.

Tips

- Versuchen Sie, wenn möglich, wieder einmal an einer Betriebsbesichtigung im Hause teilzunehmen
- Versuchen Sie, Seminare der Lieferantenfirmen zu besuchen

Fehlt die Kenntnis über die Mitbewerber

Es ist erschreckend, feststellen zu müssen, wie viele Verkäufer die Mitbewerberprodukte kaum oder überhaupt nicht kennen. Wie blamabel für sie, denn Verkaufen bedeutet auch Vergleiche zwischen den Produkten anstellen zu können. Fordern Sie deshalb Produktmappen der Konkurrenz an, oder versuchen Sie, diese auf Umwegen zu erhalten, so daß Sie immer informiert sind.

Tips

- Studieren Sie die Produkterzeugnisse der Konkurrenz, es lohnt sich
- Lassen Sie es nicht zu, daß Ihr Mitbewerber Ihre Produkte besser kennt als Sie seine

Psychologie

Mangelt es an psychologischem Einfühlungsvermögen

Die Bedeutung der Psychologie hat gerade in den letzten Jahren gewaltig zugenommen. Es gibt so viele exzellente Bücher auf diesem Gebiet, insbesondere hat gerade die Gruppendynamik und Kommunikationstechnik große Fortschritte erzielt. Verkäufer tun gut daran, dieses Fachgebiet etwas zu studieren.

Tips

- Versuchen Sie sich psychologische Kenntnisse anzueignen
- Bringen Sie die Techniken des Rollenspiels in Erfahrung

Haben zu wenig psychologisches Geschick

Es kommt nicht darauf an, was man sagt, sondern wie man es sagt. Verkäufer gehen leider viel zu wenig psychologisch vor, und einige scheinen in dieser Richtung leider überhaupt kein Geschick zu besitzen. Es sind aber oft gerade die kleinen Methoden, die uns die großen Erfolge bringen. Geschickte Wortformulierungen und Vorgehensweisen bringen uns den Erfolg.

Tips

- Beobachten Sie die Vorgehensweisen von guten Verkäufern
- Hören Sie sich gute psychologische Sendungen im Fernsehen an

Studieren ihre Erfolge und Mißerfolge zuwenig

Wir Menschen geben alle unsere Fehler nicht gern zu, obwohl wir doch auch aus unseren Fehlern lernen können. Verkäufer tun aus diesem Grunde gut daran, wenn Sie den Tag am Abend noch einmal Revue passieren lassen. Sie können dann in Ruhe durchdenken, was sie vielleicht beim Kunden hätten besser machen können. Dieser Rückblick ermöglicht einem Korrekturen.

Tips

- Studieren Sie Ihre Mißerfolge
- Lernen Sie aus Ihren Erfolgen

Q

Qualität

Erkennen nicht, daß die gute Qualität einer Ware heute eine Selbstverständlichkeit ist

Viele Verkäufer argumentieren heute mit Argumenten von gestern. Qualität ist dabei heute längst nicht so von Bedeutung – sie ist einfach eine Selbstverständlichkeit. Gerade in den letzten Jahren ist die Qualität von Markenartikeln gleichbleibend. Die Gesprächsführung sollte deshalb in ganz andere Bahnen gelenkt werden, beispielsweise Preisvergleiche oder die Produktvorteile.

Tips

- Argumentieren Sie auch immer zeitgerecht?
- Qualität ist heute eine Selbstverständlichkeit

Betonen nur die Qualität in ihrer Unerfahrenheit

Im Verkauf gibt es eine breite Skala von Service und Dienstleistungsvorteilen, die eine große Rolle spielen. Was nützt die beste Qualität, wenn keine Reparaturwerkstatt das Fabrikat reparieren kann, oder wenn beispielsweise keine Ersatzteile zu erhalten sind. Gute Verkäufer verkaufen sämtliche Vorzüge, die ihre Ware und auch sie selbst dem Kunden bieten können.

Tips

- Erstellen Sie eine Liste von den Vorzügen und Leistungen Ihres Unternehmens

- Erstellen Sie weiterhin eine Liste über das, was Sie für den Kunden persönlich tun können

R

Rechtsstand

Beachten die rechtliche Lage zu selten

Die Geschäftsgepflogenheiten, Richtlinien und Geschäftsbedingungen werden immer schwieriger und komplizierter. Viele Verkäufer kennen diese Bedingungen längst nicht genügend, und können daher auf gezielte Fragen seitens der Kundschaft nicht eine entsprechende Antwort geben.

Tips

- Besorgen Sie sich die Geschäftsbedingungen und studieren Sie diese gründlich
- Im Zweifelsfalle sollten Sie mit der Rechtsabteilung Ihrer Firma sprechen

Sind über die wichtigsten Gesetze nur ungenügend informiert

Heute werden interessante Seminare und Kurse von Volkshochschulen und sonstigen Organisationen durchgeführt. Dort können Sie sich z.B. über die wichtigsten Gesetze informieren. Diese Gelegenheit und Möglichkeit sollten alle Verkäufer ausnützen.

Tips

- Melden Sie sich frühzeitig an
- Kaufen Sie sich die Taschenbücher über die wichtigsten Gesetze

Reden

Reden zu hektisch

Warum neigen so viele unerfahrene Verkäufer als auch Redner hinter dem Pult dazu, zu schnell zu sprechen? Herr Tomalla, der bekannte Schauspieler, äußerte z. B. einmal, daß er sich das Schnellsprechen angewöhnt hat, weil er mit der polnischen Sprache groß wurde und daher im Deutschen anfänglich viele Fehler machte. Für den deutschen Verkäufer ist das aber natürlich kein Grund. Die meisten von Ihnen neigen vielleicht aus Zeitmangel dazu, viel zu schnell und zu hektisch zu sprechen. Aber Ihr Ziel ist es doch, den Kunden zu beeinflussen und daher ist es wichtig, daß Sie eindringlich, deutlich und langsam sprechen.

Tips

- Analysieren Sie Ihr Gesprächstempo auf Tonband
- Sicherlich sprechen auch Sie viel zu schnell. Machen Sie eine Probe aufs Exempel

Zerreden den Auftrag

Der Kunde sagt: »Bitte schreiben Sie auf«, und der Verkäufer antwortet: »Moment bitte noch, ich bin mit meinem Verkaufsgespräch noch nicht fertig!« Wie oft wurde wohl schon ein Auftrag von dem Verkäufer oder der Verkäuferin zerredet. Es kommt leider dadurch, daß sie die Abschlußtechniken nicht genügend beherrschen. Sprechen Sie immer gezielt und direkt und versuchen Sie, so schnell wie möglich zum Abschluß zu kommen, damit Sie Ihre anderen Kunden bedienen können.

Tips

- Vermeiden Sie das Zerreden von Aufträgen
- Bemühen Sie sich, so schnell wie vertretbar, abzuschließen

Besitzen oft keine klare Aussagemöglichkeit

Vor Jahren wurden in den Readers Digest-Heften in drei nebeneinanderliegenden Spalten Wörter mit verschiedenartiger Bedeutung aufgeführt. Man sollte die richtige Bedeutung herausfinden, konnte außerdem stundenlang aus jeder Rubrik ein Wort im 3er-Gespann koppeln und damit Sätze bilden. Diese Wörter waren so gewählt, daß sie durch eine Zusammenlegung der Wörter immer einen Satz ergaben. Nun, es hört sich bei der Zusammenfügung dieser Wörter immer sehr wirkungsvoll und hochtrabend an, aber am Ende war durch die bedeutungslose Zusammenfügung der Wörter nur ein sinnloses Geplapper entstanden. Wie oft finden wir Menschen, die reden, reden, ohne überhaupt etwas zu sagen. Ein solches Verhalten ist bei einer »Überzeugungsrede« im Verkauf unmöglich. Es ist so wichtig, daß man mit wenigen Worten das zu sagen weiß, was man aussagen will.

Tips

- Reden Sie nicht nur um des Redens willen
- Sprechen Sie kurz, knapp, aber gezielt

Besitzen eine primitive Ausdrucksweise

Die Muttersprache ist etwas so Kostbares, nur leider beherrschen die meisten Verkäufer sie nicht unbedingt. Sie tun viel zuwenig für ihre Sprachbildung. Es ist ihnen völlig egal, welche Wortwahl sie treffen. Viele Vekäufer besitzen nicht einmal ein Verkaufsbuch, geschweige denn Bücher über die Sprache oder die Allgemeinbildung. Kein Wunder also, wenn viele Verkäufer eine primitive Ausdrucksweise besitzen.

Tips

- Bilden Sie sich auch sprachlich weiter
- Studieren Sie Synonym- und Wörterbücher, um sich besser ausdrücken zu können

Machen unüberlegte Äußerungen gegenüber anderen Personen

Verkäufer sollten keine »wandelnden Zeitungen« sein. Sie sind da, um zu verkaufen. Vermeiden Sie Klatsch und falsches Gerede über Ihre Konkurrenten oder über eventuell gemeinsame Bekannte. Es bringt Ihnen außer Zeitverlust und Ärger nichts ein.

Tips

- Kritisieren und verdammen Sie andere Menschen nicht
- Reden Sie nicht über Mitbewerber-Aktivitäten, der Kunde wird es Ihnen verübeln

Verwenden viel zu oft Schlagwörter

»Herr Kunze, hier haben Sie eine phantastische Qualität zu einem bombigen Preis, eine klasse Ware, die finden Sie nicht so schnell wieder!« Es wird leider viel zu häufig im Superlativ gesprochen, der aber oft unglaubwürdig klingt. Verkäufer sollten ihn vermeiden.

Tips

- Vermeiden Sie Schlagwörter
- Erlernen Sie, sich klar, präzise und bildreich auszudrücken

---

Regalarbeit

Lassen es an Display fehlen

Die großen internationalen Markenartikelfirmen haben es verstanden, ihre Verkaufsförderungsabteilungen auszubauen. Sie beliefern den Verkäufer mit vorzüglichen Display-Mitteln für den Selbstbedienungshandel. Ebenfalls liefern viele andere, kleinere Firmen ihren Verkäufern Verkaufsförderungsmittel. Nur leider muß man immer wieder feststellen, daß viele Verkäufer diese zweckmäßigen Hilfsmittel nicht verwenden. Sie haben immer noch nicht erkannt, daß sie für den besseren Abverkauf der Ware sorgen müssen.

Tips

- Verwenden Sie die Display-Mittel Ihrer Firma. Sie kosten sehr viel Geld und müssen schon deshalb unbedingt zum Einsatz kommen
- Mit Display- und Verkaufsförderungs-Hilfsmitteln machen Sie sich bei dem Kunden einen guten Namen und sich selbst den Verkauf wesentlich leichter

Präsentieren die Ware nicht genügend

Es genügt im SB-Geschäft einfach nicht, die Ware nur im Stammplatzregal zu placieren. Sie sollten unbedingt versuchen, Zweit- und Drittplacierungen auch in anders liegenden Abteilungen unterzubringen. Beispielsweise Zahnbürsten und Zahnpasta zusammen. Gebäck und Salzstangen in der Spirituosenabteilung, Leberpasteten zum Knäckebrot usw. Die Ware muß heute richtig placiert werden, dies beginnt schon beim Schaufenster, um den Kunden überhaupt ins Geschäft zu holen.

Tips

- Überlegen Sie genau, wie Sie Ihre Ware noch besser präsentieren können
- Studieren Sie Fachzeitschriften für Werbeideen

Reklamationen

Tun dem Kunden mitunter unrecht

Höflich fragt der Kunde im Geschäft, ob er die Ware umtauschen kann. Der unerfahrene Verkäufer geht nicht darauf ein, weil er glaubt, daß der Kunde die Gebrauchsanweisung nicht sorgfältig genug gelesen hat. Diese Ablehnung führt leider nur zur Kundenverärgerung, der sich vornimmt, das Geschäft nie wieder zu betreten und künftig bei der Konkurrenz zu kaufen. Ein verlorener Kunde ist verloren, und dies ist selten wieder gutzumachen. Es ist eine bekannte Regel, daß es sich lohnt, Reklamationen genau, pünktlich, exakt und vor allen Dingen kundengerecht abzuwickeln.

Tips

- Reklamationserledigungen sollten in Ihrer Arbeit »Priorität« haben
- Stellen Sie den Kunden zufrieden, und Sie werden überrascht sein, wie sehr er das schätzt. Seine Zufriedenheit mit Ihnen bekundet er dann auch oft und gern im Bekanntenkreis

Verzögern oder verweigern sogar den Umtausch von reklamierter Ware

Der Kunde ist verärgert, weil ein Stück in die Brüche gegangen ist. Nur die Erstattung kann ihn zufriedenstellen, nicht das Hinauszögern wegen firmeninterner Gebote. Verkäufer geben sich leider oft nicht genug Mühe bei der Behandlung von Reklamationen.

Tips

- Wenn Ihre Firma Reklamationen nicht schnell genug erledigt, machen Sie doch einmal Verbesserungsvorschläge
- Erledigen Sie Reklamationen sofort. Hinauszögern bringt nur Ärger

Widersprechen dem Kunden, ohne ihm zu Ende zuzuhören

Eine der wichtigsten Regeln ist, dem Kunden zuzuhören und während er spricht, zu schweigen. Hier machen Verkäufer oft den Fehler, daß sie den Kunden sich nicht abreagieren lassen. Dies muß gelernt werden.

Tips

- Lassen Sie den Kunden immer vollständig ausreden
- Unterbrechen Sie den Kunden nicht, während er Ihnen noch sein Leid klagt

S

Selbstkontrolle

Vergessen zu oft, daß die beste Kritik die Selbstkritik ist

Nach jedem Kundengespräch sollte man sich das Gespräch noch einmal kurz in Gedanken wiederholen. Wie war der Verlauf? Was hat man falsch gemacht? Was könnte man besser machen, welche guten Formulierungen hat man zufällig gebraucht? Ist es gelungen, Humor und Schlagfertigkeit zu verwenden, wenn ja, mit welcher Methodik? Diese Analyse sollte ein persönliches »Weitertraining« darstellen.

Tips

- Notieren Sie die wichtigsten Erkenntnisse in Ihrer Ideenkartei
- Vervollkommnen Sie die neuen Erkenntnisse im Prozeß der Selbstverbesserung bei weiteren Gesprächen

Sehen die eigenen Fehler nicht genügend ein

Aus Fehlern kann man lernen, Fehler bedeuten, daß etwas fehlt. Verkäufer sind oft hochgradig sensibel und empfindlich und lassen sich nur sehr ungern von Vorgesetzten und Kunden korrigieren oder belehren. Dies ist falsch, denn man sollte doch alles tun, um seine eigenen Fehler abzubauen.

Tips

- Seien Sie aufgeschlossen gegenüber Verbesserungsvorschlägen
- Fragen Sie auch andere, was Sie falsch machen, Sie sind der Kluge dabei

Selbstmotivation

Fehlt es an Willensstärke, um ihre Ziele zu erreichen

Heute ist man als Verkäufer mehr denn je sich selbst überlassen, schon weil die Firmenleitung nicht alles überwachen und kontrollieren kann. Außerdem haben die Verantwortlichen auch erkannt, wie wichtig es ist, daß der Mensch sich selbst entfalten kann. Viele Verkäufer machen jedoch den Fehler, daß sie sich nicht genügend selbst motivieren.

Tips

- Verwenden Sie Slogen und Zitate für die Selbstmotivation
- Reden Sie sich selber den Erfolg ein
- Verwenden Sie Slogen wie: »Der nächste Kunde kauft bestimmt«, oder »Geh weiter und es geht weiter« oder »Sage ja, und du kannst«

Selbstvertrauen

Haben nicht die richtige Einstellung zu Problemen

Dr. Vincent Peale sagt: »Richtiges Verhalten einem Problem gegenüber ist wichtiger, als Fakten.« Tagtäglich muß man leider an vielen Menschen mangelndes Selbstvertrauen feststellen. Viele sind introvertiert und leben wie von einer Schale umgeben. Sie wollen, aber können nicht. Sie werden gefesselt von ihren Hemmungen. Ständig denken diese Menschen daran, was der andere von ihnen denken könnte. Sie sind unfrei und gehemmt, aber man kann ihnen helfen, denn durch das Training können sie frei werden. Bertrand Russel sagte: »Menschen, die immer daran denken, was andere von ihnen denken, wären sehr überrascht, wenn sie wüßten, wie wenig die anderen über sie nachdenken.«

Tips

- Besuchen Sie unbedingt eine Rednerschule, um durch den Kursus mehr Selbstvertrauen zu gewinnen (P. E. Seminar)
- Üben Sie das Lautlesen zu Hause, und werden Sie Mitglied einiger Clubs

Zweifeln an ihrem Können

Oft hört man die Formulierung: »Ob ich das überhaupt kann?« Sie haben niemals richtig gelernt, zuzupacken. Haben Sie die Einstellung: »Sage ja und du kannst.« Dem Mutigen gehört die Welt. Es fehlt einfach der Drang nach dem Weiterkommen.

Tips

- Jeder Mensch kann mehr, als er glaubt
- Du bist stärker, als du denkst

Leiden schnell unter Depressionen

Nicht jeder Tag bringt den gewünschten Erfolg. Das Menschenleben ist selbstverständlich Schwankungen unterworfen. Wer ab und zu unter Depressionen leidet, neigt schnell dazu, den Kopf hängen zu lassen. Man muß wissen, daß es ein vorübergehendes Tief ist, man darf sich einfach nicht unterkriegen lassen.

Tips

- Erkennen Sie, daß der Mensch biorhythmischen Schwankungen unterworfen ist
- Seien Sie immer positiv gestimmt, auch wenn etwas nicht gleich 100%ig klappt

Strahlen wenig Sicherheit aus

Oskar Schellbach sagt in seinem Buch: »Mein Erfolgssystem«: »Die Menschen erkennen uns nicht an wie wir sind, sondern wie wir erscheinen.« Deshalb ist es unbedingt notwendig, Persönlichkeit zu besitzen und auszustrahlen. Sie gibt einem auch im täglichen Umgang mit Menschen Sicherheit und bringt mehr Erfolg.

Tips

- Es sollte Ihnen immer bewußt sein, daß die Menschen Sie nicht immer richtig einschätzen
- Strahlen Sie Selbstvertrauen aus

Sonderangebote

Bieten nicht genügend Sonderangebote an

Der Verkauf an den Einzelhandel, aber insbesondere an die Verbrauchermärkte und SB-Geschäfte, hat sich in den letzten Jahren gewandelt. Heute werden mehr denn je zeitlich begrenzte Aktionen mit besonderer Rabattierung durchgeführt. Diese erfordern Vorausplanung, Termingestaltung und Verkaufsförderungsmittel für den Hinausverkauf. Viele Verkäufer beachten diese Aufgaben nicht genügend.

Tips

- Bedenken Sie die saisonalen Rhythmen für ein richtiges Produktangebot
- Planen Sie langfristig, und informieren Sie den Handel frühzeitig

Sonderangebote werden zu wenig gewechselt

Hausfrauen sind heute mehr denn je darauf bedacht, günstig, preiswert und vorteilhaft einzukaufen. Deshalb sollten als Verkaufsförderungsmittel mehr Sonderangebote eingesetzt werden, um durch sie einen besseren Umschlag zu erzielen.

Tips

- Nützen Sie die Sonderangebotsmöglichkeiten Ihrer Firma aus
- Sorgen Sie für den Abverkauf Ihrer Produkte im Handel
- Stellen Sie Sonderangebote ins Schaufenster

Entwickeln nicht genügend Ideen bei Sonderangeboten

Findige Einzelhandelsgeschäftsleute verstehen es optimal, durch Schüttkörbe auf den Gehwegen, Urlaubskarten und Ramschkisten Kunden ins Geschäft hineinzulocken. Viele Geschäftsleute schöpfen diese guten Möglichkeiten nicht aus, weil sie an Ideenarmut leiden. Es ist falsch, Kunden vorbeilaufen zu lassen, sie sollten durch Lockartikel ins Geschäft kommen müssen.

Tips

- Gestalten Sie eine Ideenkonferenz mit Ihren Verkäufern, um neue Ideen zu entwickeln
- Durch Sonderangebote zum niedrigen Preis locken Sie die Kunden ins Geschäft, die dann auch häufig noch andere Artikel kaufen

---

Sprache

Besitzen eine unbeholfene Ausdrucksweise

Viele Verkäufer beachten und berücksichtigen die Tatsache nicht genügend, daß die Sprache ihr Hauptwerkzeug ist. Für ihre Schulung und Perfektionierung tun sie wenig. Viele besitzen nicht einmal ein Synonym-Buch. Kein Wunder, wenn sich in ihrer Ausdrucksweise Mangelerscheinungen zeigen.

Tips

- Lesen Sie die Zeitung laut, bedachtsam und notieren Sie sich die für Sie neuen Wörter
- Arbeiten Sie mit einem Synonym-Buch

Sprechen einen zu ausgeprägten Dialekt

Es gibt viele Mundarten und Dialekte, die sich besonders angenehm und nett anhören. Beim Verkaufsgespräch kann ein Dialekt sogar manchmal die nötige Aufmerksamkeit wecken. Wichtig ist dabei allerdings, daß der Verkäufer deutlich und klar spricht, so daß der Gesprächspartner ihn trotzdem gut verstehen kann. Dies ist aber leider oft nicht der Fall.

Tips

- Versuchen Sie, wenn möglich, hochdeutsch zu sprechen, allerdings ist es wichtig, sich vorwiegend dem Kunden anzupassen
- Achten Sie darauf, ob Ihre Kunden Sie auch gut verstehen können

Betonen falsch

Bei Redeseminaren mußte ich schon oft feststellen, daß viele Sprecher ihre Sätze und Aussagen oft falsch oder gar nicht betonen. Es ist aber sehr wichtig, besondere Aussagen richtig zu betonen, weil die Betonung einer besseren und schnelleren Verständigung dient.

Tips

- Üben Sie täglich bei Ihren Gesprächen die richtige Betonung
- Sprechen Sie einen Zeitungstext auf Tonband, und überprüfen Sie sich kritisch

Besitzen eine monotone Modulation

Sehr viele Menschen langweilen ihre Zuhörer zutiefst, weil sie viel zu monoton sprechen. Sie sprechen fortwährend auf einer Ebene.

Ohne Höhen und Tiefen in die Aussprache hineinzubringen. Meistens ist die Ursache in mangelnder Übung zu suchen.

Tips

- Üben Sie sich in der richtigen Modulation
- Hören Sie sich gute Fernsehsprecher an (»Reden ohne Lampenfieber« erscheint im Verlag Moderne Industrie – 1975) (Peter Ebeling)

Sprechen zu leise

Mindestens 20% der Verkäufer sprechen viel zu leise, nuscheln und reden an dem Kunden vorbei. Wenn ein Gremium, aus mehreren Personen bestehend, angesprochen wird, können viele in den hinteren Reihen das Gesagte nicht mehr verstehen.

Tips

- Sprechen Sie laut genug, damit Sie auch jeder verstehen kann
- Üben Sie lautes Sprechen im Walde

Wiederholen ihre Lieblingswörter zu oft

Ganz ehrlich, neigen wir nicht alle dazu? Wörter wie: klasse, hervorragend, dufte, toll sind nur einige Wörter, die bei den meisten Menschen zum täglichen Vokabular gehören. Dies kann bei ständiger Wiederholung auf den Kunden sehr negativ wirken.

Tips

- Erweitern Sie Ihren Wortschatz, und vermeiden Sie es, Lieblingswörter allzu häufig zu verwenden
- Fragen Sie gute Bekannte, welche Hauptlieblingswörter Sie zu oft verwenden, und lernen Sie daraus

Superlative

Verwenden zu viele Superlative im Gespräch

Mit dem Wort »Superlative« meinen wir, Übertreibung des Gesagten. Beispielsweise ein »klasse Angebot, das sich nie wiederholen wird« oder »eine einmalige Qualität, die nicht ihresgleichen finden läßt«. Solche Superlative wirken auf den Kunden meist unglaubhaft. Deshalb sollte man sie vermeiden, weil Kunden ohnehin schon skeptisch sind.

Tips

- Vermeiden Sie jegliche Übertreibung
- Übertreibungen führen schnell zu Skepsis

Übersehen, daß dem nicht geglaubt wird, der übertreibt

Insbesondere bei Messen und Ausstellungen neigen viele Demonstranten zu erheblichen Übertreibungen, die nicht immer leicht und gern von den Kunden akzeptiert werden. Verkäufer müssen sich im klaren sein, daß die Kunden den Verkäufern gegenüber immer kritisch und skeptisch sind. In erster Linie muß ein Verkäufer das Vertrauen gewinnen, denn nur dann wird es ihm möglich sein, erfolgreich zu verkaufen.

Tip

- Es ist oft besser zu untertreiben. Die Engländer nennen es »Understatement«

Standfestigkeit

Haben zu wenig Standfestigkeit

In Gesprächen mit Organisationsleitern vieler Außendienstorganisationen wurde mir immer wieder bestätigt, daß viele Verkäufer nicht genügend Standfestigkeit und Stehvermögen aufweisen, insbesondere junge Verkäufer.

Tips

- Ausdauer im Verkauf macht sich immer bezahlt
- Geben Sie nie zu früh auf

Wechseln die Firma häufig

Es gibt viele Verkäufer, die als Springer gelten. Sie bleiben niemals lange bei einer Firma und wechseln ständig. Es ist oft ein Zeichen von Unstetigkeit. Allerdings sollte ein Verkäufer auch nicht über zu viele Jahre hinweg bei einer Firma verkaufen, weil er doch nach einer gewissen Zeit träge und müde wird. Eine gewisse Herausforderung ist für den Verkäufer immer notwendig, aber nehmen Sie sich vor, erst Erfolg zu bringen, bevor Sie zur neuen Firma wechseln, damit Sie nicht auch als »Springer« gelten.

Tips

- Bauen Sie sich konsequent und klug eine Verkaufskarriere auf
- Erzielen Sie gute Verkaufserfolge, und erwerben Sie sich gute Zeugnisse

T

Tagesplanung

Fehlt die Tagesplanung

Umsatzreserven liegen latent. Die fehlende Tagesplanung ist eine der größten Sünden der Verkäufer im Außendienst. Sie fahren oft los, ohne einen Tagesplan erstellt zu haben. Somit geht sehr viel Zeit und Geld verloren. Arbeiten Sie nur mit Tageskarten, auf die Sie die wichtigsten Kundennamen aufschreiben, in Ihre Tasche stecken und nach Erledigung einfach abhaken. Die zu erledigenden Aufgaben müßten am Abend vorher ebenfalls alle notiert werden. Hier versagen viele Verkäufer.

Tips

- Erstellen Sie sich Tageszielvorgaben
- Die Tagesplanung macht sich bezahlt und lohnt sich immer

Planen zu sporadisch und unregelmäßig

Viele Verkäufer besitzen nicht einmal einen übersichtlichen Terminkalender. Dies ist wirklich schade, denn solch ein wichtiges und nützliches Hilfsmittel verschafft Ihnen im Nachhinein einen Überblick über Ihre geleistete Arbeit und ist ebenfalls ein wichtiges Planungshilfsmittel. Es ist absolut wichtig, regelmäßig zu planen und auch nach diesem Plan zu arbeiten.

Tips

- Wer im voraus plant, erspart sich viel Zeit und Geld
- Arbeiten Sie mehr mit Papier und Bleistift

Halten sich nicht an den Tagesplan

Hier versündigen sich viele Verkäufer. Der Tagesplan soll eine Richtschnur, ein Korsett, eine Disziplinmaßnahme sein. Wer zu schnell und zu leicht diesen Tagesplan umwirft, arbeitet nachher nach überhaupt keinem Plan. Halten Sie sich, wenn irgend möglich, immer an Ihre Zielsetzungen, die Sie sich gesteckt haben. Selbstverständlich ist dies nicht immer möglich, aber Abweichungen davon sollten die Ausnahmen sein.

Tips

- Die NCR-Gesellschaft hat den Slogan: »Plane deine Arbeit und arbeite nach Plan«
- Wer keinen Plan hat, arbeitet planlos

Fahren unrationell in verschiedene Bezirke

Sie fahren drei Kunden an und haben keinen Erfolg. Sie glauben, daß dieser Bezirk nicht ergiebig genug ist und fahren darauf in einen anderen Bezirk ihres Kreises. Es vergehen wieder 1 1/2 Std. Fahrzeit, und der Verkäufer hat viel zuviel Zeit im Wagen verbracht.

Tips

- Es ist immer ein Trugschluß zu glauben, daß es woanders besser gelingt
- Wenn Sie Friseure am Montag anfahren, müssen Sie damit rechnen, daß alle Salons geschlossen sind

---

Takt

Machen über Kollegen der Mitbewerber negative Äußerungen

Es ist so wichtig, Taktgefühl zu besitzen. Takt äußert sich in Herzensbildung und Verständnis für sein Gegenüber. Entweder besitzt man Takt oder nicht, denn Takt läßt sich nur schwer erlernen. Gern locken die Kunden einen in negative Gespräche über Kollegen oder Mitbewerber. Verkäufer gehen leicht in diese Falle, nur die guten Verkäufer vermeiden jeglichen Klatsch und behandeln in Erfahrung gebrachte Tatsachen vertraulich.

Tips

- Seien Sie rücksichtsvoll, vorsichtig und taktvoll
- Wenn Sie über andere reden, glaubt der Kunde, daß Sie es auch über ihn tun

Nennen Preise vor kaufenden Kunden

Der Außendienst-Verkäufer steht im Geschäft und verhandelt mit dem Inhaber. Kaufende Kunden laufen hin und her. Viele Verkäufer nennen dann oft unbedacht mit lauter Stimme vertrauliche Preise, Rabatte und sonstige Konditionen. Diese sollte er dem Kunden lieber im Flüsterton nennen, denn Einkaufspreise sind Vertrauenssache.

Tips

- Behandeln Sie Preise vertraulich, und nennen Sie diese nicht vor Außenstehenden
- Schreiben Sie die Preise auf, damit Sie sie nicht im Beisein von anderen nennen müssen

Nehmen zu wenig Rücksicht auf die Gefühle anderer Menschen

Tagtäglich kommen wir mit anderen Menschen zusammen. Da ist es schon nicht immer leicht, das Richtige zu tun. Wichtig ist aber immer darauf zu achten, daß wir nicht die Gefühle anderer Menschen verletzen, denn gekränkte Kunden kaufen entweder gar nicht oder nur sehr ungern.

Tips

- Ein geschossener Pfeil kehrt nie zurück
- Schnell kann man Menschen verletzen, ohne es selbst zu merken. Dies sollten wir unbedingt beachten

Können sich schlecht in die Lage anderer versetzen

Immer wieder findet man Verkäufer, die viel zu sehr »Ich-bezogen« argumentieren. Sie stellen ihre Wünsche und Anliegen immer in den Vordergrund. Besser ist es »Kunden-bezogen« zu argumentieren, seine Wünsche, Verlangen und Interessen zu berücksichtigen und diese dann mit den eigenen Vorstellungen zu paaren.

Tips

- Wer geübt darin ist, sich in die Lage des anderen zu versetzen, hat es viel leichter
- Versuchen Sie auch den Standpunkt des anderen zu verstehen, so daß Sie Produktnutzen und Problemlösungen verkaufen können

---

Teilentscheidungen

Versuchen nicht durch Teilentscheidungen einen Auftrag zu erzielen

Es wird oft von der »Salami-Taktik« gesprochen. Insbesondere werden dabei die Preise nicht global genannt, sondern hier geteilt, z.B. sollte man nie die Kosten pro Monat nennen, sondern die Kosten pro Tag. Sie erscheinen dann geringer. Nicht »60,00 DM pro Monat«, sondern »es kostet nur eine Schachtel Zigaretten pro Tag, das können Sie sich doch leisten«. Kluge Verkäufer machen den Kauf leicht.

Tips

- Versuchen Sie vom Kunden eine Teilzusage zu erhalten
- Der ideale Weg zum Auftrag

Vergessen, daß man durch Teilentscheidungen des Kunden oft den ganzen Auftrag erhält

Die meisten Verkäufer haben mit der Abschlußtechnik zu kämpfen. Der Kunde steht vor dem Produkt und reibt sich sein Kinn, das ist doch das Kaufsignal, das bedeutet, daß der Kunde überlegt. Hier sollte der gute Verkäufer nun doch versuchen, abzuschließen. Am leichtesten gelingt es Ihnen, ihn durch Teilentscheidungen wie beispielsweise: »Wenn Sie kaufen würden, hätten Sie die Ware lieber in Rot oder in Grün?« oder »Wenn Sie kaufen würden, käme dann eine monatliche Bezahlung von 80,00 DM oder 60,00 DM in Frage?« Diese Technik beherrschen viele Verkäufer nicht, weil sie nicht genügend gezielte Fragen stellen.

Tips

- Üben Sie sich in der Kunst, Teilentscheidungen von dem Kunden zu erhalten, bevor Sie abschließen
- Ein Kunde, der ja sagt, befindet sich bereits auf dem Weg zum Kauf

---

Telefon

Nutzen die Vorteile des Telefons nicht aus

Es könnten Tausende von D-Mark innerhalb eines Jahres gespart werden, wenn die Verkäufer es lernen würden, das Telefon optimal für die Vorausplanung zu verwenden. Sie fahren einfach los, ohne Terminvereinbarungen, ohne Vorinformationen oder vorherige Erkundigungen. Dieses wichtige Hilfsmittel wird zu oft vergessen.

Tips

- Besuchen Sie ein Seminar über Telefonverkauf
- Rufen Sie aus einer Telefonzelle von unterwegs an. Sie sparen viel Zeit und Kosten

Bereiten sich nicht genügend auf das Telefongespräch vor

Oh ja, ich ruf ihn schnell an, aber so schnell geht es auch nicht, denn die Nummer ist nicht auffindbar. Mangelnde Organisation liegt vor, wenn die Telefonnummern nicht in einem Buch eingetragen sind. Unnötige Zeit- und Geld-Kosten werden durch Anfragen bei der Auskunft verursacht. Gute Verkäufer bereiten sich auf jedes Telefongespräch richtig vor. Die Unterlagen liegen bereit, und die Zielsetzung des Gespräches ist in Stichpunkten notiert. Nur der noch ungeübte Verkäufer meint, es benötige hier keiner Vorbereitung.

Tips

- Bereiten Sie sich gründlich auf jedes Gespräch vor, so sparen Sie Zeit und Geld und sind dadurch effektiver
- Kunden schätzen ein sachlich geführtes Ferngespräch

Rufen zu ungünstigen Zeiten an

Viele Verkäufer greifen einfach zum Telefon, obwohl sie genau wissen, daß der Kunde zum Essen ist. Wer Telefongespräche richtig plant, berücksichtigt auch die Tageszeit. Er spart Zeit, Kosten und vermeidet Kundenverärgerung.

Tips

- Analysieren Sie die Kundengewohnheiten in Ihrer Branche
- Finden Sie die günstigsten Zeiten heraus

Sprechen zu lange

»Ja, und wie ist das Wetter in München?« »Hier ist es auch

schlecht.« »Aber im Urlaub hatten Sie sicher Sonne?« Der Telefonzähler tickt schnell weiter und weiter, und die Kosten steigen. Interessanterweise läßt sich beobachten, daß die Mitarbeiter großer Firmen am wenigsten auf die entstehenden Telefonkosten achten. Selbständige dagegen sprechen kurz und sachlich, weil sie die Kosten selbst finanzieren müssen.

Tips

- Fassen Sie sich kurz, es spart viel Geld
- Stellen Sie einen Zeitmesser neben Ihr Telefon

Termine

Vergessen, daß man durch Terminvereinbarung Zeit gewinnt

Sie können die Termine ruhig schon 3 Wochen im voraus vereinbaren. Warum nicht? Es bindet den Kunden und hat den Vorteil, daß er jedes Mal, wenn er auf seinen Terminkalender schaut, Ihren Namen sieht. Viele Verkäufer machen den Fehler, daß sie die Termine zu spät zu vereinbaren suchen, beispielsweise erst morgen für nachmittags, und oft ist der Kunde dann verhindert. Gute und kluge Versicherungsverkäufer bestätigen, daß eine gute Terminplanung eines ihrer geheimen Erfolgsrezepte ist.

Tips

- Nutzen Sie die Vorteile eines Termins
- Mit einem Termin in der Tasche verläuft das Gespräch viel besser

Halten die Termine nicht ein

Viele Verkäufer halten es nicht für notwendig, den Kunden von unterwegs anzurufen, wenn sie Verspätung haben. Dies ist jedoch eine Selbstverständlichkeit, wenn man den Kunden nicht verärgern will. Wer Termine nicht einhält, stiehlt dem anderen Zeit, und wie sagt man: »Time is money.«

Tips

- Melden Sie sich immer sofort, wenn Sie den Termin nicht einhalten können
- Versuchen Sie, Ihr Bestes zu tun, um Termine doch einzuhalten und somit Ihrem Image nicht zu schaden

Von Umdisponierungen wird der Kunde nicht rechtzeitig informiert

Sie haben es einfach nicht nötig, den Kunden zu informieren. »Ach, ich dachte, Sie wußten schon, daß ich nicht komme.« Bei längerfristigen Terminen ist es klug, den Kunden schriftlich zu informieren und bei dieser Gelegenheit gleich um einen neuen Termin zu bitten.

Tips

- Terminvereinbarungen sind Versprechungen
- Kunden schätzen es sehr, wenn Sie sie auf dem laufenden halten

Überlegen zu wenig bei der Fixierung von Terminen

»Ja ich glaube, das könnte schon hinkommen, sagen wir Dienstag in drei Wochen.« Dieser Verkäufer hat seinen Terminkalender nicht dabei, er hofft aber, diesen Termin am Abend einzutragen, nur leider vergißt er es dann doch in der Hektik. Mangelnde Organisation, Versprechen ohne Arbeitsmittel führen zur Disorganisation und zur Nichteinhaltung von Versprechen und Terminen.

Tips

- Arbeiten Sie immer mit dem Terminkalender und erledigen Sie die Eintragungen sofort

- Überlegen Sie ganz genau, ob Ihnen der Termin wirklich paßt, und bedenken Sie auch, ob Sie andere Kundenbesuche in der Umgebung mit diesem Termin koppeln können

---

Trägheit

Vergessen, daß Trägheit der größte Feind des Verkäufers ist

Der Wecker klingelt, der Verkäufer streckt seinen Arm aus und schaltet den Wecker ab. Er dreht sich noch einmal auf die Seite und sagt sich: nur noch 10 Minuten. Nur allzu menschlich, aber leider schläft er wieder ein und verschläft die Zeit. Er braucht ja nicht pünktlich im Büro zu erscheinen, kann seine Zeit selber einteilen, steht später auf als gedacht, und der halbe Tag ist im Eimer. Verkäufer besitzen eine gewisse Freiheit, die sie aber leider zu oft zur Trägheit verführt.

Tips

- Seien Sie streng mit sich selbst
- Ein früher Beginn gibt Sicherheit für den Verkauf am Nachmittag

Vergessen, daß sich jeder Mensch von Zeit zu Zeit einen Schubs geben muß

Wir brauchen alle von Zeit zu Zeit eine kleine Motivationsspritze. Der Mensch ist ein Gewohnheitstier und wird leicht träge. Nur wer den festen Willen hat und im Verkauf siegen will, wird auch sein Ziel erreichen, nur muß er seine Trägheit bekämpfen. Es ist so wichtig, schon in jungen Jahren den Erfolg aufzubauen und dadurch Reserven für später zu haben.

Tips

- Bekämpfen Sie die natürliche Trägheit
- Auch Arbeit kann zur Gewohnheit werden. Lernen Sie spielerisch zu verkaufen

U

Überzeugungskraft

Ständige Wiederholung der Aussage

Die Verkäufer sollten immer bemüht sein, ihre Kunden im Einzelhandel, im Wiederverkauf oder wo auch immer, zu überzeugen. Dies kann man aber nur, wenn man mit jeder Faser seines Körpers, mit voller Konzentration, Wachsamkeit und Akribie arbeitet. Viele Verkäufer glauben leider, daß sie es mit Routine-Aussagen schaffen können.

Tips

- Sprechen Sie mit Überzeugung, und lassen Sie den Kunden fühlen, daß Sie auch meinen was Sie sagen
- Es gibt einem doch viel Selbstbestätigung, wenn man andere Menschen überzeugen kann

Stellen den Nutzen und Gewinn zuwenig in den Vordergrund

Die Verkäufer vergessen oft, den Nutzen und den Gewinn in den Vordergrund zu stellen. Sie sprechen viel zu lang über die Qualität der Ware, die doch in unserer hochindustrialisierten Welt und dem Markenartikelzeitalter eine Selbstverständlichkeit ist. Sie versuchen immer noch, den Kunden mit ihren alten Argumenten zu überzeugen.

Tips

- Finden Sie genau heraus, auf welche Faktoren der Kunde anspricht

- Stellen Sie immer den Gewinn für den Kunden in den Vordergrund

Machen nicht genügend Gebrauch von Beweismitteln und Referenzen

»Das mag sein, aber ich glaube es Ihnen trotzdem nicht so ganz!« Ein hervorragendes Mittel für die Überzeugungsphase sind Beweismittel und Referenzen. Viele Verkäufer, die gute Verkaufserfolge bei einigen Kunden erzielt haben, vergessen leider, diese um eine Referenz zu bitten. Dabei sind es ideale Beweismittel bei der Verhandlungsführung.

Tips

- Lassen Sie sich Referenzen von Ihren zufriedenen Kunden geben
- Fragen Sie Ihre Kunden, ob Sie sie persönlich als Referenz angeben dürfen

---

Umgangsformen

Übersehen, daß gute Umgangsformen vom Kunden wahrgenommen werden

Es sind nicht unbedingt die Starverkäufer, die Dauerkunden gewinnen. Oft sind die Verbraucher von Verkäufern mit guten Umgangsformen, die Sympathie und Vertrauen ausstrahlen, sehr eingenommen. Sie werden dies auch honorieren, indem sie wieder kaufen. »Sie wissen doch, das ist der nette Verkäufer!«

Tips

- Achten Sie auf Ihre Umgangsformen. Sie sind wichtig
- Studieren Sie den Knigge für Reisende

Sind unsicher in ihren Umgangsformen

Die Umgangsformen der zivilisierten Menschheit befinden sich ständig im Wechsel. Manche Formen, Gepflogenheiten und Sitten von früher sind heute nicht mehr üblich. Es lohnt sich deshalb, ein Buch über die moderne Etikette zu kaufen, denn nur wer dies gelesen hat, wird sicher und selbstbewußt auftreten können. Durch Unkenntnis der Umgangsformen sind viele mit Lampenfieber und Unbehagen behaftet.

Tips

- Es gibt gute bekannte Bücher über die moderne Etikette
- Lassen Sie sich solch ein Buch von einem Freund zum Geburtstag schenken

---

Unternehmerisches Denken

Denken zuwenig unternehmerisch

Es ist ein großer Fehler, nur umsatzbezogen zu denken. Eine Firma lebt schließlich vom Gewinn. Wie wird doch immer so nett gesagt: »Das, was unter dem roten Strich steht, zählt.« Viele Verkäufer verschenken wahllos Rabatte, Konditionen, Geschenke und sonstige Vergünstigungen, nur um den Auftrag zu bekommen. Sie sollten vielmehr unternehmerisch denken, so daß eine echte Gewinnmaximierung erzielt werden kann.

Tips

- Denken Sie unternehmerisch
- Achten Sie darauf, daß Ihre Firma durch Reduzierung von Kosten einen Gewinn erzielen kann

Handeln nicht im Interesse der Firma

Selbstverständlich sollten Sie sich in die Schuhe des Kunden versetzen können, d.h. allerdings nicht, daß Sie Ihre Firma verschenken sollen. Ihr Handeln sollte in erster Linie immer im Interesse Ihrer Firma sein. Viele Verkäufer bedenken nicht, daß sie selbst die Firma repräsentieren, wenn sie zum Kunden kommen.

Tips

- Wenn es Ihrer Firma gut geht, geht es Ihnen auch gut
- Ihre Vorgesetzten wissen schon, ob Sie unternehmerisch denken

Machen viel zuwenig Verbesserungsvorschläge

Gern und laut diskutieren Sie im Kollegenkreis über die vielen Firmenunpäßlichkeiten und Fehler. Ein viel größerer Fehler ist es, nur zu kritisieren, ohne Verbesserungsvorschläge zu durchdenken oder einzureichen.

Tips

- Überlegen Sie von Zeit zu Zeit, was man in Ihrer Firma besser machen könnte
- Manche solcher guten Vorschläge werden sogar prämiiert

Unzufriedenheit

Lassen sich leicht von Miesmachern beeinflussen

In einer größeren Außendienstmannschaft gibt es selbstverständlich auch negative Typen. Diese Verkäufer verbreiten ihre Unzufriedenheit, Lustlosigkeit und Pessimismus unter den Kollegen. Sehr schnell kann diese Seuche auch andere gute Verkäufer anstecken.

Tips

- Vermeiden Sie den Umgang mit Miesmachern
- Es spricht sich schnell herum, wer nicht hundertprozentig firmenloyal ist

Analysieren zuwenig die Hauptgründe der eigenen Unzufriedenheit

Selbstverständlich gibt es Tage, an denen ein Verkäufer aus irgendeinem Grund mit sich selbst unzufrieden ist. Dies ist ganz natürlich und auch verständlich. Wichtig allerdings ist dann, sich hinzusetzen und kurz zu überlegen, warum und weshalb man unzufrieden ist. Nur wer sich selbst und die Umstände analysiert, kann daraus Konsequenzen ziehen. Viele tun dies nicht.

Tips

- Unzufriedenheit ist oft ein Wegweiser zur Kurskorrektur
- Analysieren Sie Ihre Unzufriedenheit und erstellen Sie einen neuen Plan

Unzufriedenheit nützt nichts, wenn man keine Konsequenzen zieht

Unzufriedenheit ist oft ein Signal oder Wegweiser. Ein sehr wichtiges Buch, das leider viele Verkäufer noch nicht besitzen, ist: »Sorge dich nicht, lebe« von Dale Carnegie. Dieses Buch zeigt klar und deutlich, wie man Problemen durch Handeln besser begegnen kann.

Tips

- Kaufen Sie sich dieses Buch, um die Problembewältigung zu erlernen
- Grübeln nützt wenig, es kommt nur darauf an, daß man handelt

V

Verabschiedung

Verabschieden sich nicht gekonnt

Es wird sich übergebührlich für den Auftrag bedankt – könnte falschen Verdacht erwecken –! Gerade in der Versicherungsbranche hat es sich als richtig erwiesen, den Kunden bald nach Abschluß des Vertrages zu verlassen. Schon viele Aufträge sind nämlich nachträglich storniert worden, nachdem die eine oder andere Frage neu aufgeworfen wurde.

Tips

- Bedanken Sie sich förmlich und nett, und gehen Sie dann weiter zum nächsten Kunden
- Verlorene Minuten des Tages ergeben mehrere Stunden innerhalb eines Jahres

Benutzen keine originellen Formulierungen

Es wird herumgestottert, es werden tiefe Verbeugungen gemacht, eventuelle Geschenke verteilt und falsche Formulierungen bei der Verabschiedung verwandt. Vielleicht kommt es dadurch, daß manche Verkäufer kaum glauben können, daß sie den Auftrag wirklich in der Tasche haben!

Tips

- Als nützlich und erfolgreich hat sich die Formulierung: »Auf Wiedersehen und alles Gute für Sie« erwiesen

- »Vielen Dank und gute Gesundheit bis zum nächsten Mal«
- Durchdenken Sie neue, gute und kurze Formulierungen im Telegrammstil, die Sie erproben können

Versichern dem Kunden nicht gekonnt genug, daß er gut gekauft hat

Kunden haben, nachdem sie den Auftrag unterschrieben haben oder bei der Überreichung der Plastiktüte durch die Verkäuferin, oft plötzlich das Gefühl, daß sie vielleicht doch falsch gekauft haben. Kluge Verkäufer und Verkäuferinnen kennen dieses Gefühl und sagen deshalb noch einen kurzen Satz, der dem Kunden das Gefühl läßt, daß er gut gekauft hat. Erst danach trennt er sich (leichter) von seinem Geld.

Tips

- Verwenden Sie einen kurzen Satz, wie z.B. »Sie haben einen preisgünstigen Kauf gemacht«
- Geben Sie dem Kunden kurze Verwendungstips oder die Gebrauchsanweisung, er wird Ihnen dankbar sein

---

Verkaufsförderung

Halten die Beherrschung der Verkaufstechniken für nicht wichtig

In zunehmendem Maße gewinnt die Verkaufsförderung heute an Bedeutung. Es ist deutlich zu erkennen, daß von den Werbeetats bereits ein immer größer werdender Betrag für die Verkaufsförderung ausgegeben wird. Die Wichtigkeit des Verkaufens an »Point of Purchase« gewinnt an Bedeutung. Wer verkaufen will, muß dafür sorgen, daß auch der Absatz der Ware im Einzelhandel floriert. Helfen Sie durch Ideen, und placieren Sie die Ware günstig.

Tips

- Studieren Sie die neuesten Erkenntnisse der Verkaufsförderung

- Die Lebensmittelzeitung »Deutscher Fachverlag, Frankfurt« gibt ständig interessante Tips und Hinweise
- Besuchen Sie ein Verkaufsförderungsseminar

Fehlt die Ausrüstung

Der Markenartikel-Verkäufer muß heute in zunehmendem Maße selbst für den Absatz seiner Ware im Handel Sorge tragen. Er placiert die Ware am Standplatz und am Gondelende, im Tiefkühlregal, an Sonderplätzen und leitet Verbundaktionen ein. Für eine gekonnte Arbeit muß er Preisschilder, Plakate usw. anfertigen. Leider sind viele Verkäufer mit solchem Arbeitsmaterial nur mangelhaft ausgerüstet.

Tips

- Besorgen Sie sich einen Merchandisingkoffer
- Kaufen Sie sich ein Metopreismarkierungsgerät

Haben das Verkaufsförderungsmaterial nicht immer zur Hand

Sie fahren frühzeitig mit großer Erwartung zum ersten Kunden. Es ist nicht immer leicht, die Aufmerksamkeit des Kunden zu gewinnen, und viele werden abgewimmelt mit der Bemerkung: »Ach, Sie kommen doch nächste Woche sowieso wieder vorbei. Bis dahin.« Sie haben doch im Keller sehr viele Verkaufsförderungshilfsmittel, nicht wahr? Hätten Sie nicht vielleicht dem Kunden davon etwas mitbringen können? Sein Dankeschön hätte Ihnen ein Entree zum Verkaufsgespräch gegeben.

Tips

- Die Verkaufsförderungsmittel Ihrer Firma helfen Ihnen Kontakt zu gewinnen
- Wenn Sie dem Kunden im Geschäft helfen, wird er Ihnen auch helfen

Verstehen es nicht immer richtig, andere einzuspannen

Die Dame im SB-Geschäft, am Verkaufsregal, der Lagerhalter, der Gabelstapler, die Verkäuferin sie alle sind wichtig in der Absatzkette. Diese Menschen müssen Ihnen wohl gesonnen und dadurch daran interessiert sein, daß Ihre Ware so bald wie möglich verkauft wird. Die Einzelhandelsverkäuferin spricht den Endverbraucher an, oft sind es Kinder, die mit der Mutter einkaufen gehen!

Die Beeinflussung endet noch nicht beim Hineinverkauf.

Tips

- Gewinnen Sie Helfer und Beeinflusser
- Die Ware muß sich schnell bewegen, um so neuen Bedarf zu schaffen

---

Verkaufsgespräch

Fehlende Strategie

Bei der Analyse vieler Verkaufsgespräche muß man leider eine mangelnde Strategie beim schwachen Verkäufer feststellen. Es wird gemurmelt, gestammelt und oft sinnlos dahingeredet, ohne einen Verkaufsleitfaden im voraus zu besitzen. Daher sind diese Verkäufer gezwungen, übergebührlich lange zu reden.

Tips

- Studieren Sie die Fakten Kunden-Vorinformation oder Kunden-Karteikarte
- Beachten Sie während der Verhandlung die wichtigsten Verkaufsphasen

Fehlt Schlagfertigkeit

Wir als Verkäufer wissen, daß es manchmal Einwände sind, auf die es keine guten rationellen Beantwortungsmöglichkeiten gibt. Allerdings zeigt die Praxis immer wieder, daß Schlagfertigkeit meistens ein sehr gutes Hilfsmittel ist, denn die Kunden schmunzeln gern. Und seien wir ehrlich, eine gute und schnelle Antwort überrascht und erfreut auch uns.

Tips

- Üben Sie sich in der Schlagfertigkeit
- Notieren Sie sich schlagfertige Bemerkungen, die Sie spontan gemacht haben und auch die, die Sie von anderen hören

Streiten mit dem Kunden, ohne es zu merken

Viele Verkäufer machen immer wieder den Fehler, daß sie sich in einen Streit mit dem Kunden verwickeln lassen. Sie wollen unbedingt dem Kunden zeigen und beweisen, daß sie recht haben. »Aber noch nie hat ein Verkäufer einen Streit mit dem Kunden gewonnen«, sagte einmal ein kluger Beobachter.

Tips

- Vermeiden Sie jeglichen Streit mit dem Kunden, es lohnt sich nicht
- Geben Sie diplomatisch und taktvoll nach, um so Ihr Ziel zu erreichen

---

Verkaufsmethodik

Verwenden die Alternativmethode zu wenig

Die Alternativmethode ist eine der besten Methoden in der Abschlußphase. »Möchten Sie dies oder das haben?« – »Grün oder rot?« – »Jetzt oder später?« – »Montag oder Dienstag?« – »Anfang oder Ende der Woche?« – »Bar oder per Scheck?« usw. Die Anwendung dieser Methodik sollten die Verkäufer viel mehr praktizieren.

Tips

- Erarbeiten Sie Alternativmethoden für Ihre Produkte
- Durchdenken Sie die Möglichkeiten, die Sie haben

Fassen nach einer Verhandlungsunterbrechung durch das Telefon das Gesagte nicht erneut zusammen

Der Kunde sitzt Ihnen während der Verhandlung am Schreibtisch gegenüber. Sie sind mitten im Gespräch, da klingelt das Telefon. Ihr Gesprächspartner ist danach geistig abgelenkt und beginnt sein Gespräch: »Ja, wo waren wir noch stehengeblieben?« Viele Verkäufer verstehen es nicht richtig, diese Gelegenheit zu nutzen und das Gesagte noch einmal kurz und knapp zu wiederholen.

Tips

- Beginnen Sie Ihre Wiederholung mit der Formulierung: »Darf ich das Gesagte ganz kurz zusammenfassen? Punkt 1..., 2..., 3... usw.«
- Verwenden Sie ruhig Ihre Finger, um dadurch die Einzelschritte noch zu verdeutlichen

Bieten das Schwerpunktprogramm im falschen Augenblick an

Die Sortimente der einzelnen Lieferanten werden immer größer. Kunden leiden heute unter der Qual der Wahl. Deshalb verkaufen kluge Verkäufer ihr Schwerpunktprogramm zu allererst, außerdem erfüllen sie dadurch auch die Zielvorstellungen ihrer Firma.

Tips

- Vermeiden Sie es, den Verkauf Ihrer Lieblingsprodukte in den Vordergrund zu stellen
- Die Firmenplanung ist meistens auf Schwerpunktartikel aufgebaut

Zeigen dem Kunden zu schnell, daß sie es eilig haben

Kunden wollen respektiert und erst genommen werden und nicht zwischen »Tür und Angel« verhandeln. Es gibt Produkte, für deren Verkauf man viel Zeit benötigt, um den Kunden zu überzeugen. Sehr oft ist hier auch eine gewisse Atmosphäre notwendig. Viele Verkäufer zeigen aber Ungeduld bei der Verhandlung und versuchen den Kunden zu schnell zu einer Entscheidung zu zwingen. Etwa: »Sie müssen sich schnell entscheiden, ich habe es eilig.«

Tips

- Drängen Sie den Käufer nicht zu schnellen Entscheidungen, er könnte den Kauf bereuen
- Kunden schätzen es immer, wenn Sie für sie hundertprozentig da sind

Analysieren die Probleme des Kunden nicht genügend

Es bestätigt sich immer wieder, daß gute Verkäufer sich die Mühe einer Voranalyse des Kunden machen. Verkäufer sollten viel mehr Menschen des Betriebes durch eine kluge Fragestellung über die Hauptprobleme des Kunden befragen. Im Einzelhandel sollte der Verkäufer oder die Verkäuferin den Kunden direkt ansprechen, um herauszufinden, welche Probleme er mit dem Produkt lösen möchte.

Tips

- Nehmen Sie sich die Zeit, die Probleme der Kunden zu analysieren
- Fragen Sie ruhig den Kunden, er wird es schätzen, daß sie sich so um ihn bemühen

Sprechen zu wenig über Marktanteile

Marktanteile im heutigen Markt auf den verschiedensten Segmenten, sind Indikatoren für erfolgreiche Produkte. Wenn man einen

Marktanteil von über 50% besitzt, solle man dies dem Kunden ruhig im Verkaufsgespräch mitteilen. Es dokumentiert den großen Erfolg des Produktes. Wir äußern uns gerne über Dinge, die andere Leute für gut befunden haben.

Tips

- Zeigen Sie die Marktanteile Ihrer Firma auf Grafiken
- Zeigen Sie den Aufstieg in den letzten Jahren als Vergleichsmöglichkeit

Verschießen ihr ganzes Pulver zu früh

Die Erfahrung zeigt immer wieder, daß man Verkaufsgespräche nur schlecht wiederholen kann. Durch den Stufenaufbau vom Beginn bis zum Ende des Gespräches gibt es eine allmähliche Phasensteigerung. Verschießen Sie nicht Ihre Hauptpluspunkte schon am Anfang des Gespräches, behalten Sie sich immer noch ein paar Asse für die Abschlußphase zurück.

Tips

- Spicken Sie Ihr Verkaufsgespräch von Anfang bis Ende mit Kundenvorteilen
- Verschießen Sie nicht Ihr »Pulver« zu früh

Berücksichtigen Dritte nicht beim Gespräch

Ein grober Fehler, der aber leider von Außendienstmitarbeitern oft gemacht wird. Sie sitzen an einem Tisch und besprechen das Angebot mit dem Chefeinkäufer. Nach kurzer Zeit kommt ein Dritter hinzu, der ebenfalls in dieser Firma beschäftigt ist. Er setzt sich an den Tisch und hört zu. Sie unterhalten sich weiter mit dem Chefeinkäufer, ohne den Hinzugekommenen mit ins Gespräch zu ziehen. Dies ist sehr unklug, denn der Dritte kann sehr wahrscheinlich mehr künftige Geschäftsentwicklungen beeinflussen, als Sie ahnen.

Tips

- Wenden Sie sich durch Augenkontakt auch dem Hinzugekommenen zu.
- Sagen Sie ihm: »Darf ich kurz wiederholen, wir haben bis jetzt die und die Punkte besprochen.«

Verkaufsplanung

Fehlt das Tages-, Wochen-, Monats- und Jahresziel

Immer wieder muß man betonen, wie wichtig die Verkaufsplanung ist. Verkäufer sollten folgende verschiedene Planungsbogen besitzen: nämlich für die Tages-, Wochen-, Monats- und Jahresplanung (P. E. System).

Tips

- Hängen Sie in Ihrem Büro Übersichtskalender auf
- Schaffen Sie Prioritätenlisten für Ihre Arbeit und Planung

Kennen die statistische Entwicklung im Bezirk nicht

Nicht allein was Sie machen ist wichtig, sondern die Mitbewerbsaktivitäten im Bezirk spielen auch eine entscheidende Rolle. Daher ist es sehr wichtig, statistische Informationsquellen zu erschließen und auch selbst Beobachtungen anhand von Zahlen, die Ihnen Einblick in die Aktivitäten geben, festzuhalten. Verkäufer nutzen diese Möglichkeiten nicht genügend für ihre Planungszwecke aus.

Tips

- Lassen Sie sich von Ihrer Hauptverwaltung Mitbewerberstatistiken geben
- Notieren Sie diese, und entwickeln Sie dann Ihren eigenen Arbeitsplan

Überwachen die Umsätze laut Kundenkartei nicht genügend

Manche Kunden erwarten heute, daß Sie ihnen in einem Ordner die Computerliste über die eingekaufte Ware der letzten Monate und Jahre zeigen können. Denn sie haben als Händler so viele Produkte, und ihr Sortiment ist derart groß geworden, daß sie nicht alle Zahlen sofort parat haben. Sie als Verkäufer müssen dem Kunden hier entgegenkommen, und Sie können außerdem anhand von Zahlen auch selbst viel besser argumentieren. Diese Vorarbeit gehört zur Verkaufsplanung und darf nicht unberücksichtigt bleiben.

Tip

- Erstellen Sie sich statt der herkömmlichen Kundenkartei, die nicht immer aussagekräftig genug ist, eine mit Kundenordnern

---

Verkaufsstrategie

Verniedlichen große Mengen nicht

Die Angebotsmenge wird Ihnen genannt, und der Kunde bekommt über Ihre Größenvorstellung einen Schock. Leicht verliert er die Balance. Kluge Verkäufer verstehen es aber, die Menge zu verniedlichen, indem sie sie aufteilen in Jahresbedarf, Monatsbedarf und Tagesbedarf. Sie erscheint dann durch die Aufgliederung nicht so groß. Viele Verkäufer wenden diese Strategie noch viel zuwenig an.

Tips

- Nennen Sie die große Einheit mit der Erklärung, wie viele sie pro Tag, Monat usw. bedeutet
- Vermeiden Sie es immer, einen Mengenschock beim Kunden zu verursachen

Bieten eine falsche Produktkategorie an

Im Einzelhandel kommt es immer wieder zur Frage, ob man zuerst dem Kunden die teuerste Ware, Mittelklasse oder Billigstware zeigen sollte. Selbstverständlich ist dies von Branche zu Branche und von Kunde zu Kunde weitgehend unterschiedlich. Allerdings hat die Erfahrung gezeigt, daß es klug ist, mit der Mittelklasseware zu beginnen. Nach Erkennen der Kundenreaktion kann man dann weiter anbieten, indem man die höherpreisige oder niederpreisige Ware zeigt und anbietet – wichtig für den Einzelhandel.

Tips

- Vermeiden Sie die Worte: teuer und billig
- Zeigen Sie dem Kunden eine Mittelklasseware, und beobachten Sie ihn genau auf seine Reaktion hin, erst dann bieten Sie weiter die entsprechende Ware an

Stellen zu wenig Suggestivfragen

Viele Verkäufer nützen die Macht der Suggestion nicht genügend aus. Die Kunden sind oft unschlüssig, und die Hauptaufgabe des Verkäufers besteht doch darin, dem Kunden zu helfen, eine Entscheidung zu treffen. Suggestivfragen dienen hier als wichtige Werkzeuge. »Die Pasteten-Toastbrote sehen lecker aus, nicht war? Finden Sie die Farbe auch appetitlich? Riechen Sie einmal den angenehmen Duft.« – »Merken Sie, wie leicht das Steuerrad in der Hand liegt? Sicherlich wollen Sie einen problemlosen Artikel kaufen?« usw.

Tips

- Durchdenken und erarbeiten Sie sich Suggestivformulierungen
- Besuchen Sie Geschäfte, und hören Sie sich gute und nützliche Formulierungen an

Versprechungen

Halten ihre Versprechungen nicht immer ein

Bruno Neckermann sagt: »Versprechungen sind Schulden.« Landläufig herrscht die Meinung, Verkäufer versprechen alles, auf Verkäufer ist kein Verlaß. Diese Beobachtungen treffen sogar leider recht oft zu. Verkäufer versprechen Gott und die Welt, wenn sie nur den Auftrag bekommen, und danach ist für sie dann alles wieder vergessen. Allerdings nicht für den Kunden.

Tips

- Versprechen Sie nur das, was Sie auch halten können
- Schreiben Sie Ihre Versprechungen immer sofort auf, noch besser ist, wenn möglich, diese sofort per Telefon etc. zu erledigen

Ihre gemachten Versprechungen passen oft schlecht in die Planung

Wie oft versprechen Verkäufer dem Kunden, etwas Besonderes für ihn zu tun und merken im nachhinein, daß sie ihr ganzes Programm damit durcheinander gebracht haben. Verkäufer sollten deshalb vorher immer genauestens überlegen, ob sie auch diese Versprechungen echt einhalten können, ohne ihre sonstige Verkaufsarbeit zu verzögern.

Tips

- Überlegen Sie sich genau, bevor Sie Versprechungen machen, ob Sie sie auch halten können
- Versprechungen machen, wenn es um den Auftrag geht, ist oft ein Zeichen der Schwäche

Visuelles Verkaufen

Zeigen zu wenig – reden zu viel

Seit Beginn des Fernsehens vollzieht sich ein interessanter Wandlungsprozeß. Die Menschen wollen heute mehr sehen und bevorzugen die Kombination von verbaler und visueller Vorstellung. Industriefirmen und Werbeagenturen bieten dem Verkäufer eine nützliche Hilfestellung mit Salesfolder, Präsentationsmappen, Koffer, Tonbildschauen usw. an. Leider verwenden viele Verkäufer diese nützlichen Hilfsmittel nicht optimal.

Tips

- Zeigen Sie mehr, und Sie werden mehr Erfolg haben
- Üben Sie sich in der Anbiettechnik

Handhaben die Demonstrationsmappen falsch

Das Verkaufen mit Bildern muß ebenfalls geübt werden. Viele Verkäufer halten den Salesfolder bei der Gesprächsführung falsch. Entweder lassen sie den Kunden selber blättern, ohne selbst das Gespräch zu führen, oder sie sprechen an dem Kunden vorbei, weil sie keinen Augenkontakt mit ihm haben.

Tips

- Üben Sie vor Fernsehkameras das Arbeiten mit einer Demonstrationsmappe
- Es ist klug, die markantesten Punkte in den Broschüren mit einem Kugelschreiber oder Bleistift anzuzeigen

Arbeiten zu wenig mit Papier und Bleistift

Die Erfahrung zeigt immer wieder, daß die Top-Verkäufer jede Gelegenheit benutzen, um mit Papier und Bleistift zu argumentieren. Der dargebotene Stoff und die Fakten werden für den Kunden und Gesprächspartner übersichtlicher und damit auch überzeugender. Vernachlässigen Sie diese wichtigen und billigen Werkzeuge nicht.

Tips

- Nehmen Sie immer einen Block und Bleistift zum Kunden mit
- Verwenden Sie, wenn möglich, farbige Stifte für die Visualisierung

---

Vorgesetzte

Lassen es an Vertrauen fehlen

Die wichtigste Person im beruflichen Leben ist für Sie immer der direkte Vorgesetzte. Insbesondere im Außendienst wird der Verkäufer aber oft allein gelassen und ist dadurch ein sehr einsamer Kollege. Aus diesem Grund sollte der Verkäufer nicht immer nur warten bis sich der Vorgesetzte mit ihm schriftlich oder telefonisch in Verbindung setzt, sondern er sollte auch einmal selbst die Initiative ergreifen und den Vorgesetzten informieren. Der Vorgesetzte ist meist ein sehr beschäftigter Mann und schätzt es sehr, wenn Sie sich von selbst melden. So ein Gespräch nützt meistens beiden.

Tips

- Ergreifen Sie die Initiative und suchen Sie den engen Kontakt mit Ihrem Vorgesetzten
- Ihr Vorgesetzter spielt eine sehr bedeutende Rolle in Ihrem Leben

Fragen nicht genügend um Rat

Eine bekannte psychologische Regel besagt, daß Menschen es sehr schätzen, wenn man zu ihnen geht und sie um ihren Rat bittet. Verkäufer beachten diese Erkenntnis nicht genügend. Auch Kunden freuen sich, wenn man sie als fachkundig anerkennt und geben dem Verkäufer bei einer direkten Befragung oft nützliche, informative und konstruktive Ideen und Vorschläge.

Tips

- Nützen Sie diese Möglichkeiten aus
- Fragen Sie um Rat, und Sie werden klüger

Versuchen, ihren Vorgesetzten aufs Glatteis zu führen

Die menschliche Trägheit verführt den Verkäufer leicht zur Faulheit. Viele Verkäufer begehen die große Sünde, daß sie Aufträge vordatieren, damit sie dann am nächsten Tag nicht hinausfahren müssen. Diese Untugend ist auch den Reisebevollmächtigten und den Verkaufsleitern bekannt. Nur die Verkäufer setzen ihre Karriere und ihr Vorankommen aufs Spiel mit solchen dummen Praktiken.

Tips

- Bleiben Sie immer ehrlich und gewissenhaft
- Es wird Ihnen nicht gelingen, Ihren Vorgesetzten zu täuschen

Lassen sich ungern vom Vorgesetzten beurteilen

Dies ist falsch, denn man sollte immer wissen, was der direkte Vorgesetzte von einem hält und denkt. Wenn es in Ihrer Firma keine vorgeschriebenen Beurteilungsbogen gibt, dann suchen Sie den Weg zum direkten Vorgesetzten und fragen Sie ihn in einem Gespräch von Mann zu Mann. Hören Sie gut zu und diskutieren Sie mit ihm über Ihre Verkaufsmethode und Praxis.

Tips

- Nehmen Sie Kritik positiv auf
- Versuchen Sie Verbesserungsvorschläge und Methoden zu entwickeln

Vorinformation

Vergessen den Blick ins Schaufenster

Das Schaufenster ist ein sehr wichtiges Informationsmittel für den Käufer. Einzelhandelsverkäufer und Außendienstmitarbeiter schenken dem Aussehen und der Ausstattung des Schaufensters jedoch nicht genügend Beachtung. Es wird leider häufig vergessen, einmal einen Blick in das Schaufenster zu werfen, um zu prüfen, ob man die Ware auch optimal und saisongerecht herausgestellt hat. Dieser wichtige Blickfang hilft schließlich verkaufen.

Tips

- Das Schaufenster muß immer pikobello aussehen
- Auch Außendienstmitarbeiter bekommen oft nützliche Informationen aus dem Schaufenster

Erkennen die Sortimentslücken nicht schnell genug

Verkäufer reden oft an den Bedürfnissen und den Wünschen der Kunden vorbei. Falsche Produkte werden angeboten, manchmal sogar Produkte, die schon in reichlicher Menge im Sortiment vorhanden sind, aber oft nicht die, die inzwischen vergriffen sind. Dies alles läßt erkennen, daß die Vorinformationen nicht genügend beachtet werden.

Tips

- Machen Sie einen Rundumblick im Geschäft
- Erkundigen Sie sich genauestens, was fehlt, so daß Sie kundengerecht anbieten können

Fehlen die Informationsquellen

Kluge Verkäufer bauen sich ein Informationsnetz auf. Sie nehmen Kontakt mit Menschen in Schlüsselpositionen verschiedener Orte und Branchen auf. Besuchen diese ab und zu, um immer die neuesten Informationen zu erhalten. Diese Arbeit macht sich immer bezahlt, denn von Informationen leben wir schließlich.

Tips

- Haben Sie genügend Informationsquellen?
- Nützen Sie die Vorteile des Telefonierens aus? (Besuchen Sie P. E. Seminare 06139/499)

W

Wagen

Fahren zu schnell und zu unkonzentriert

Der Verkäufer im Außendienst ist täglich viele Stunden unterwegs. Es ist deshalb unerläßlich, daß er bestens über Verkehrsregeln und über seinen Wagen Bescheid weiß. Viele sind unsicher in ihrer Fahrweise und fallen durch ihre Unfälle im Hauptbüro negativ auf. Verkäufer sollten immer daran denken, daß absolute Konzentration beim Fahren unerläßlich ist. Einige können sich vor lauter Verkaufsintensität so in ihre Arbeit vertiefen, daß sie den Verkehr zu wenig beachten. Hier liegt die große Gefahr. Andere meinen, sich auf einer Rennpiste zu befinden und behandeln dementsprechend ihr Gaspedal.

Tips

- Fahren Sie immer höchst konzentriert
- Wer langsam und vernünftig fährt, kommt auch zum Ziel. Wie sagte doch Prof. Sauerbruch zu seinem Chauffeur? »Fahren Sie langsam, ich habe es sehr eilig!«

Halten ihr Auto außen und innen nicht sauber genug

Der Wagen ist für den Außendienstmitarbeiter immer ein Aushängeschild. Er weiß ja nie, ob und wann der Kunde zu seinem Wagen herauskommt. Sicher gibt ein unaufgeräumter, ungewaschener und dreckiger Wagen dem Kunden ein sehr negatives Bild über den Verkäufer und seine Firma. Versuchen Sie deshalb zu den Verkäufern zu zählen, die ihren Wagen immer pikobello halten.

Tips

- Unordnung zieht meistens noch größere Unordnung nach sich
- Ihr Wagen ist ein wichtiges Spiegelbild

Beladen den Wagen erst am Morgen

Es ist eminent wichtig, den Wagen schon abends mit Ware, Prospekten, Displaymitteln etc. zu bepacken. Ebenfalls sollte man Benzin, Öl und Luftdruck überprüfen und falls nötig in Ordnung bringen lassen. Sehr oft werden Sie nämlich abends viel schneller abgefertigt. Die unvorbereiteten Verkäufer verlieren wichtige Verkaufszeit, wenn sie erst morgens tanken und anfangen ihren Wagen zu beladen.

Tips

- Machen Sie es sich zur Gewohnheit, Ihren Wagen schon abends fix und fertig zu packen
- Sie können dann sofort am frühen Morgen losfahren und somit den ersten Kunden rechtzeitig besuchen

Kennen die Straßenverkehrsordnung nicht unbedingt richtig

Für Außendienstmitarbeiter, die täglich unterwegs sind, ist es von ausschlaggebender Bedeutung, daß sie sich ständig über die neuesten Straßenverkehrsgesetze informieren. Es erspart Ihnen viel Ärger und manche Schwierigkeit, wenn Sie diese kennen und beherrschen. Viele Verkäufer haben leider schon oft Unannehmlichkeiten gehabt wegen ihrer Unkenntnis, doch wie heißt es so schön: »Unkenntnis schützt vor Strafe nicht.« Informieren Sie sich deshalb gründlich, denn sonst ist Ihre Verdienstmöglichkeit schnell gefährdet.

Tips

- Besorgen Sie sich die neueste Straßenverkehrsordnung und deren Zusatzverordnungen
- Lesen Sie sie, es lohnt sich für Sie

Ware

Besitzen nur ungenügende Kenntnisse der Produktvorteile

Verkäufer sollten Argumentationskarten für ihre sämtlichen Produkte und deren Vorteile entwickeln. Diese Argumentationsbögen sind sehr nützlich für die Verhandlung beim Kunden. Ich habe leider schon oft die Feststellung machen müssen, daß viele Verkäufer nicht einmal den genauen Inhalt ihrer Firmenprospekte und Broschüren kennen. Im Verkaufsgespräch sagen sie: »Moment mal, hier steht es doch irgendwo drin.« Solche Verkäufer werden niemals optimal verkaufen können.

Tips

- Lernen Sie Ihre Produkte und deren Vorteile richtig kennen
- Produktkenntnisse geben dem Verkäufer erst die nötige Selbstsicherheit

Überreichen dem Kunden die Ware zu selten oder überhaupt nicht

Bruno Neckermann hat in seinem Zitatenbuch folgendes geschrieben: Was der Kunde ergreift, begreift er besser. Es ist eine alte Verkäuferweisheit, daß man dem Kunden die Ware frühzeitig in die Hand geben soll. Es steigert und fördert den Wunsch, die Ware zu besitzen. Überreichen Sie dem Kunden die Ware und gehen Sie danach einen Schritt zurück, erst dann stellen Sie dem Kunden direkte Fragen über sie, damit er sich noch eingehender mit ihr beschäftigt.

Tips

- Überreichen Sie dem Kunden die Ware so schnell wie möglich
- Verwickeln Sie den Kunden darauf in ein produktbezogenes Gespräch

Vergleichen die ausgelieferte Ware nicht mit dem Lieferschein in Gegenwart des Kunden

Haben Sie nicht auch schon manchmal gehört: »Verkäufer sind Gangster?« Diese Meinung scheint weit verbreitet zu sein, und deshalb muß ja der Verkäufer so unermüdlich beim Kunden seine Glaubwürdigkeit und Aufrichtigkeit dokumentieren. Die Industrievertreter sollten bei Lieferung zwecks Placierung im Regal klugerweise zum Abteilungsleiter gehen und ihn dann gleich bitten, die Ware mit dem Lieferschein zu vergleichen. Oft stimmen Lieferschein und Ware nicht überein, und das führt dann zu Reklamationen.

Tips

- Lassen Sie sich die ordnungsgemäße Auslieferung der Ware quittieren
- Versuchen Sie immer, beim Kunden glaubwürdig und korrekt zu sein

---

Weiterbildung

Tun zu wenig für ihre Allgemeinbildung

Bei Verkäuferschulungen und Seminaren mußte ich immer wieder feststellen, daß viele Verkäufer nicht genügend Allgemeinbildung besitzen und auch keine Verkaufsbücher und Fachzeitschriften lesen. Das ist ein sehr großes Manko, denn der Verkäufer macht die längste Lehre durch - er lernt nie aus - weil er mit Menschen zu tun hat.

Tips

- Nur ein oder zwei Ideen aus einem Verkaufsbuch können Ihnen schon sehr viel Geld einbringen

- Erstellen Sie sich eine kleine Hausbibliothek mit Verkaufsbüchern. Der Verlag Moderne Industrie bietet viele interessante Titel an

Besuchen zu wenig Kurse und Vorträge aus eigener Initiative

Die Volkshochschulen, Universitäten, Radio- und Fernsehanstalten und sonstige Bildungsanstalten bieten heutzutage interessante und lehrreiche Kurse an, z.B. über Psychologie, Menschenbehandlung usw., die zweckdienlich sind für Ihre tägliche Arbeit. Sie können es sich doch leicht einplanen, dann und wann einen guten Vortrag zu hören oder zu besuchen. Sie benötigen diese Informationen dringend für Ihre Gesprächsführung draußen.

Tips

- Abonnieren Sie einen Veranstaltungskalender von Ihrer Stadt
- Lesen Sie die Tageszeitungen usw.

Sind über die Tagesgeschehnisse nicht informiert

Das Hobbygespräch ist heute tot. Wir müssen mehr und mehr im Telegrammstil sprechen. Tagesgeschehnisse kurz gestreift, kann man bei der Kontaktanbahnung oder im täglichen Umgang mit Menschen immer verwenden und anbringen.

Tips

- Abonnieren Sie eine gute Tageszeitung
- Bei Zeitmangel lassen Sie sich von einem Familienmitglied die wichtigsten Stellen ankreuzen oder herausschneiden

Lesen zu wenig Fachzeitschriften

Die Spezialisierung in Fachbereichen schreitet immer weiter voran. Sie haben es heute als Verkäufer mit kritischen Kunden zu tun. Deshalb ist es unerläßlich, die branchenüblichen Fachzeitschriften zu bestellen und genau zu studieren. Interessante Hinweise können dem Verkäufer beim Verkaufen sehr nützlich sein.

Tips

- Nehmen Sie Fachzeitschriften mit auf die Reise, die Sie dann und wann in der Mittagspause studieren können
- Schneiden Sie für Ihre Kunden interessante Artikel aus

Kennen die Arbeitsanweisungen nicht genau

Jede Firma hat für ihre Repräsentanten, Verkäuferinnen und Verkäufer gewisse Arbeitsanweisungen, die strengstens befolgt werden müssen, entwickelt. Es beginnt mit dem Formularwesen, den Verkaufspraktiken, der Preisgestaltung und den Reklamationen. Diese Anweisungen sollten die Verkäufer genauestens kennen, um mit ihnen unternehmerisch zu arbeiten. Viele fühlen sich hier äußerst unsicher.

Tips

- Studieren und erfragen Sie Informationen über die Anweisungen
- Achten Sie ganz besonders auf das Berichtswesen

Werbung

Wissen zu wenig über die Firmenwerbung

Erstaunlicherweise sind viele Verkäufer über die Werbemaßnahmen ihrer Firma nicht genügend informiert. Oft kennen oder wissen sie gar nicht, daß eine bestimmte Werbung läuft, und wenn ja, kennen sie häufig die Hauptaussage oder Slogans nicht richtig. Das ist sehr traurig, denn gerade hier liegt der Schlüssel zum Erfolg.

Tips

- Vereinbaren Sie mit Ihrer Firma, daß Sie immer Kopien der Werbung erhalten
- Legen Sie einen Ordner für die laufenden Werbeanzeigen an

Zeigen dem Kunden die Werbung nicht

Leider zeigen viele Markenartikelreisende dem Einzelhandelskaufmann die Werbung nicht, die in den Illustrierten erscheint. Sie sprechen zwar davon, aber dokumentieren sie nicht. Kluge Verkäufer kaufen sich Illustrierte und schlagen die entsprechende Werbung auf und zeigen dem Kunden, welche Kampagne im Moment gerade läuft. »Unsere Werbung bringt Ihnen Kunden ins Geschäft«, so äußern sie sich dazu.

Tips

- Auch die Werbung muß verkauft werden
- Nützen Sie die Werbung als »weitere Kondition« aus

Kennen die Konkurrenzwerbung zuwenig

Ebenfalls muß man leider feststellen, daß viele Verkäufer die Werbung der Konkurrenz sowie deren Hauptargumente nicht genügend kennen. Sie stehen dumm da, wenn sie von Kunden darauf angesprochen werden. Das wirft ein schlechtes Licht auf die Verkäufer.

Tips

- Studieren Sie mit Akribie auch die Werbung der Konkurrenz
- Analysieren Sie die Hauptargumente der Konkurrenz, damit Sie entsprechende Gegenformulierungen verwenden können

Wissen

Fehlt ein Namensgedächtnis

Zugegeben, es ist nicht leicht, Personennamen, geschweige denn Gruppennamen leicht zu behalten. Über ein schlechtes Namensgedächtnis klagen 80% der Menschen, obwohl es erwiesen ist, daß es kein schlechtes Gedächtnis gibt, sondern nur ein untrainiertes Gedächtnis. Bei der Durchschnittsbevölkerung kann man es noch verstehen, allerdings sollte man vorausschicken, daß ein Verkäufer sich doch in der Kunst des Namenbehaltens üben sollte und müßte.

Tips

- Besuchen Sie einen Kurs für Gedächtnistraining
- Es gibt Techniken und Hilfsmittel wie man Personen- und Gruppennamen besser behalten kann (P. E. Seminar)

Geben ihre Verkaufstips nicht weiter

Als Verkaufstrainer habe ich die Beobachtung machen können, daß Verkäufer nur sehr ungern ihre Verkaufstips an Kollegen weitergeben. Dies ist eigentlich sehr dumm, denn meistens führt ein Gespräch mit anderen Kollegen zu einem Gedankenaustausch, wovon letztlich alle profitieren können. Im Sinne des Unternehmens sollte man doch immer versuchen, das Beste für die Firma herauszuholen.

Tips

- Geben Sie ruhig Ihre Verkaufstips an Kollegen weiter, Sie profitieren ebenfalls
- Pflegen Sie mit einem Verkaufskollegen einen Wochenend-Gedankenaustausch

Der Rahm von heute ist der Käse von morgen (Verfasser unbekannt)

Viele Verkäufer argumentieren heute mit Argumenten von gestern, beispielsweise wird die Qualität zu sehr in den Vordergrund gestellt. Der Vorgesetzte sollte bei der Zusammenrbeit genauestens beobachten, wie seine einzelnen Leute argumentieren. Neue Verkaufsgespräche, Ideen und Vorschläge müssen ständig aufgenommen oder entwickelt werden.

Tips

- Verkaufen Sie immer fortschrittlich und aktuell
- Durchleuchten Sie Ihre eigenen Verkaufsgespräche

Wort (Das)

Fallen dem Kunden sehr oft ins Wort

Bei manchen Menschen kommt man erst zu Wort, wenn sie nach Luft schnappen. Verkäufer besitzen oft die Untugend, dem Gesprächspartner wiederholt ins Wort zu fallen. Das führt leicht zur Kundenverärgerung, denn der Kunde will gern, daß andere Menschen ihm zuhören und ihn aussprechen lassen.

Tips

- Üben Sie sich im Zuhören
- Achten Sie besonders darauf, daß Sie den anderen nicht ständig unterbrechen

Verwenden zu viele Fremdwörter

Immer wieder muß man feststellen, daß viele eine große Vorliebe für Fremdwörter haben. Vielleicht wollen sie damit dokumentieren, wie sprachgewandt und belesen sie sind. Nur werden die Fremdwörter leider auch häufig völlig falsch verwendet. Außerdem helfen sie im Verkaufsgespräch wenig, da es an sich ein Überzeugungsvorgang ist. Aus diesem Grunde sollte der Verkäufer versuchen, so verständlich, klar und deutlich wie möglich zu sprechen, damit sein Gegenüber ihn auch wirklich versteht und begreift.

Tips

- Vermeiden Sie, wenn möglich, Fremdwörter
- Drücken Sie sich kurz, klar, prägnant und bildreich aus

Fehlt die Treffsicherheit bei ihrer Wortwahl

Es ist wirklich ein Genuß manchen Menschen beim Sprechen zuzuhören. Sie sprechen klar, sicher und beherrschen das Wort. Sie malen förmlich mit Worten Bilder. Welch einen Gegensatz bildet dazu der ungeübte Sprecher. Er spricht in Potpourri-Sätzen, daß einen mitunter das Grausen packt.

Tips

- Hören Sie sich gute Sprecher an, kaufen Sie sich Sprech-Schallplatten
- Üben Sie das laute Lesen (aus der Tageszeitung)

Z

Zeit

Hören am Abend zu früh auf

In diesem Taschenbuch habe ich schon an anderer Stelle davon gesprochen, daß viele Verkäufer morgens zu spät beginnen. Es gibt aber auch die Kategorie von Verkäufern, die nachmittags zu früh aufhören. In der Praxis hat sich erwiesen, daß schon viele gute Geschäfte in den Abendstunden erfolgreich getätigt worden sind. Deshalb sollten gute Verkäufer Stehvermögen besitzen und weitermachen, denn nur das bringt den großen Erfolg.

Tips

- Arbeiten Sie hart, es lohnt sich immer
- Beenden Sie die Arbeit nicht zu früh am Nachmittag

Nützen die Wartezeit beim Kunden nicht aus

Sehr oft sind sie gezwungen, im Besuchszimmer, der Empfangshalle und dgl. zu warten. Viele Verkäufer vertrödeln ihre Wartezeit, anstatt einiges während dieser Zeit aufzuarbeiten. Sie könnten z. B. eine schriftliche Notiz erstellen, vorausplanen oder Fachzeitschriften lesen.

Tips

- Nützen Sie die Zeit, wo Sie nur können
- Nützen Sie alle Gelegenheiten aus. Minuten gewinnen heißt Stunden gewinnen – »Erfolgsstunden«

Sind Öffnungs- und Schlußzeiten nicht bekannt

Begeistert sagt der Verkäufer am Abend: »Morgen früh stehen wir rechtzeitig auf und fahren dann weiter nach Regensburg. Ich kenne dort einen wichtigen Kunden, den wir frühzeitig besuchen wollen!« Wir fahren los und stehen Viertel vor acht vor der Ladentür. Zu unserem Erstaunen müssen wir leider feststellen, daß ein Schild die Beschriftung trägt: Öffnungszeit 8.30 Uhr, Vertreterbesuch dienstags und donnerstags. Es waren eine verlorene Fahrt, Mühe und Zeit, die nicht hätten sein müssen. Die Öffnungs- und Schlußzeiten und erlaubten Vertreterbesuche standen leider nicht in der Kartei.

Tips

- Achten Sie heute mehr denn je auf die Öffnungs- und Schlußzeiten Ihrer Kunden
- Notieren Sie diese sorgfältig in Ihrer Kartei, wenn nötig, rufen Sie den Kunden zwecks einer Terminabsprache vorher an.

Zeitverluste

Halten sich zu lange beim Kunden auf

Verkäufer müssen gleich erkennen, ob der Kunde sie am heutigen Tag sehr lange aufhalten wird, denn u. a. lohnt es sich dann weiterzufahren und diesen Kunden bei der nächsten Tour wieder aufzusuchen. Auch ein Erkundigungsgespräch mit dem Kunden oder andere direkte Fragen lohnen sich. Warten Sie allerdings nicht zu lange ohne sich wieder zu melden. Ihre Zeit kostet Geld, und schnell ist ein Tag vergangen.

Tips

- Lassen Sie sich Ihre Zeit nicht über Gebühr durch den Kunden stehlen

- Mit der Zeit kennt man schon die Kunden, die einen stets zu lange aufhalten

Besitzen zu unrationelle Tourenpläne

Wer einen Bezirk bereisen muß, hat sich leider mit Verkehrsbehinderungen, Umwegen, Neubauten usw. in diesem Bezirk auseinanderzusetzen. Deshalb ist es dringend erforderlich, einen Tourenplan zu erstellen, damit Sie stets den kürzesten Weg zum Kunden fahren können. Es gibt verschiedene Methoden der Tourenplanung, die schriftlich niedergelegt sein müssen und einer Studie bedürfen.

Tips

- Im Verlag Moderne Industrie ist ein gutes Buch über Tourenplanung von Dr. Wage erschienen
- Nützen Sie die Erkenntnisse dieses Buches

Zielsetzung

Fehlt es an Entschlossenheit

Heute fahre ich da hin, morgen vielleicht dort hin!!! Sie sind unentschlossen, zersplittert, und es mangelt ihnen an klaren Zielsetzungen. Erfolge bedürfen heute aber realistischer Zielsetzungen. Leider werden die Verkäufer oft allein gelassen und finden allein nicht den Weg zur nötigen Entschlossenheit.

Tips

- Haben Sie sich klare berufliche und persönliche Ziele gesetzt?
- Kennen Sie auch wirklich die Zielsetzungen Ihrer Firma?

Setzen sich keine Soll-Zahlen

Die beste Zielsetzung nützt wenig, wenn der Verkäufer keinen Erfolgswillen besitzt. Kluge Unternehmer setzen deshalb monatliche Sollzahlen für ihre Verkäufer fest. Diese Handhabung ist sehr gut, denn durch sie sind klare Zielsetzungen gegeben, an denen sich der Verkäufer auch selbst messen kann. Doch müssen diese Sollzahlen natürlich auch marktgerecht sein.

Tips

- Versuchen Sie, Ihre Sollzahlen persönlich zu verbessern
- Wer klare Sollzahlen besitzt, kann sich täglich an ihnen messen

---

Zugeständnis

Entschuldigen sich nicht für die Pannen der Firma

Bei der heutigen Abwicklung der Warenversendung, Verpackung, Postversand usw. kommt es leicht und schnell zu Pannen. Gute Verkäufer versuchen deshalb schon die Aufträge vorab zu verfolgen und für eine termingerechte Auslieferung zu sorgen, sei es durch telefonische oder briefliche Nachfaßaktionen. Ein Verkäufer muß sich auch für die Pannen seiner Firma entschuldigen können.

Tips

- Eine Ware ist erst endgültig verkauft, wenn sie ausgeliefert und bezahlt worden ist
- Vereinbaren Sie mit Ihrer Firma eine Skala der Zugeständnismöglichkeiten. Kluge Verkäufer halten immer einige für den Abschluß parat

Stichwortverzeichnis

W

Z

REDETRAINING
FÜHRT ZUM ERFOLG

- Mehr Kontakte
- Mehr Selbstvertrauen
- Mehr Selbstsicherheit
- Mehr Überzeugungskraft
- Mehr Ausstrahlungskraft

AKTIVIEREN SIE IHRE AUSDRUCKSMITTEL
durch
Intensiv-Seminare

- Persönlichkeitstraining
- Beratung und Korrektur
- Grund- und Aufbau-Seminare
- Firmen-Interne-Seminare
- Wochenend-Seminare (Kur- und Redetraining)

Auskunft und Anmeldung (Laufende Seminare)

EBELING-SEMINARE
Rede-, Verkaufs- und Führungstraining
„Westerberg" – Im Hippel 57 ©
6535 GAU-ALGESHEIM (Autobahn Mainz-Bingen)
Ruf: (06725) 1550
FORDERN SIE KOSTENLOSE UNTERLAGEN AN

Mit der WELT sind Sie täglich im Handumdrehen gut informiert

DIE WELT formuliert knapp und präzise. Sie ist übersichtlich gegliedert, schnell lesbar. Sie erhalten in kurzer Zeit ein Maximum an wichtigen Informationen.

DIE WELT liefert die wichtigsten Informationen aus erster Hand. Über 90 Korrespondenten berichten von den Brennpunkten des Weltgeschehens. Die Hauptredaktion arbeitet in Bonn.

Ein großes Team anerkannter Journalisten und Mitarbeiter verdichtet das Weltgeschehen und seine Hintergründe zu einer Tageszeitung von Weltrang.

Das besondere Angebot für die Leser dieses Buches: Zum Kennenlernen erhalten Sie DIE WELT 14 Tage kostenlos und unverbindlich ins Haus.

Bitte schreiben Sie an DIE WELT, Leser-Service, Postfach 30 58 30, 2000 Hamburg 36.